Geografia da saúde

inter
saberes

Geografia da saúde

Thiago Kich Fogaça

2ª edição

Rua Clara Vendramin, 58 . Mossunguê . CEP 81200-170 . Curitiba . PR . Brasil
Fone: (41) 2106-4170 . www.intersaberes.com . editora@intersaberes.com

Conselho editorial	Capa
Dr. Alexandre Coutinho Pagliarini	Sílvio Gabriel Spannenberg (*design*)
Dr.ª Elena Godoy	Swill Klitch/Shutterstock (imagens)
Dr. Neri dos Santos	Projeto gráfico
M.ª Maria Lúcia Prado Sabatella	Mayra Yoshizawa (*design*)
Editora-chefe	ildogesto e MimaCZ/
Lindsay Azambuja	Shutterstock (imagem)
Gerente editorial	Diagramação
Ariadne Nunes Wenger	Fabiola Penso
Assistente editorial	Equipe de *design*
Daniela Viroli Pereira Pinto	Sílvio Gabriel Spannenberg
Edição de texto	Laís Galvão
Monique Francis Fagundes Gonçalves	Iconografia
	Celia Regina Tartalia e Silva
	Regina Claudia Cruz Prestes

1ª edição, 2018.
2ª edição, 2024.

Dados Internacionais de Catalogação na Publicação (CIP)
(Câmara Brasileira do Livro, SP, Brasil)

Foi feito o depósito legal.

Informamos que é de inteira responsabilidade do autor a emissão de conceitos.

Nenhuma parte desta publicação poderá ser reproduzida por qualquer meio ou forma sem a prévia autorização da Editora InterSaberes.

A violação dos direitos autorais é crime estabelecido na Lei n. 9.610/1998 e punido pelo art. 184 do Código Penal.

Fogaça, Thiago Kich
  Geografia da saúde / Thiago Kich Fogaça. -- 2. ed. -- Curitiba, PR : InterSaberes, 2024.

  Bibliografia.
  ISBN 978-85-227-0830-7

  1. Epidemiologia 2. Geografia da saúde 3. Geografia médica 4. Saúde ambiental 5. Saúde pública 6. Sistema de saúde I. Título.

23-170411   CDD-614.42

Índices para catálogo sistemático:
1. Geografia da saúde 614.42

Cibele Maria Dias - Bibliotecária - CRB-8/9427

Sumário

Apresentação | 7
Como aproveitar ao máximo este livro | 9

1. **A relação saúde-doença e o espaço geográfico** | 13
   1.1 Concepções de saúde e de doença | 15
   1.2 Da geografia médica à geografia da saúde | 19
   1.3 Doenças, ecologia e meio ambiente | 28

2. **A perspectiva histórica: os lugares e a saúde** | 43
   2.1 As doenças nas civilizações clássicas e na Idade Média | 45
   2.2 Idade Média: um período conflitante | 52
   2.3 A saúde pós-Renascimento: aspectos da Idade Moderna | 55
   2.4 As teorias sobre as doenças: do século XIX aos dias atuais | 59

3. **A interdisciplinaridade da geografia da saúde** | 77
   3.1 Geografia da saúde: uma ciência multidisciplinar | 79
   3.2 Relacionando saberes: geografia da saúde, saúde coletiva e epidemiologia social | 90
   3.3 Desigualdades sociais e as doenças: o lugar e a reprodução das doenças psicossociais | 95

4. **O registro das doenças e as políticas públicas de saúde** | 111
   4.1 Geografia, planejamento e políticas de saúde | 113
   4.2 As políticas de saúde no Brasil | 118

5. A acessibilidade aos serviços de saúde, a medicina complementar e alternativa e os saberes histórico-culturais | 139
   5.1 O contexto geográfico da acessibilidade aos serviços de saúde no Brasil | 141
   5.2 Medicina complementar e alternativa (CAM) | 148
   5.3 Os saberes histórico-culturais e o tratamento de doenças no Brasil | 154

6. Métodos e técnicas: mapeando as doenças | 169
   6.1 Mapeando as doenças | 171
   6.2 Os sistemas de informação geográfica como ferramenta no mapeamento de doenças | 178
   6.3 Mapeamento dos casos de dengue: escalas mundial e nacional | 183

7. A geografia da saúde na academia e no ensino básico: primeiras aproximações | 193
   7.1 A geografia da saúde no ambiente acadêmico | 195
   7.2 A saúde nas diretrizes curriculares nacionais: um tema transversal | 201

Considerações finais | 215
Referências | 217
Bibliografia comentada | 231
Respostas | 233
Sobre o autor | 245
Anexos | 247

Apresentação

Nesta obra, abordamos a geografia da saúde com o objetivo de trazer informações sobre os caminhos dessa ciência e mostrar como ela é utilizada pelos geógrafos contemporâneos. Para tanto, a obra foi dividida em temáticas centrais, mais precisamente em sete capítulos, a fim de facilitar o entendimento da evolução da ciência e de sua aplicação atual.

No Capítulo 1, apresentamos uma discussão inicial sobre as diferentes abordagens no trato da saúde-doença, bem como suas variações conceituais e diferentes aplicações, para, em seguida, discutirmos os caminhos da geografia médica em direção à geografia da saúde e suas relações com os estudos ecológicos.

No Capítulo 2, debatemos os aspectos históricos e os diferentes personagens que trouxeram importantes subsídios para os estudos das ciências da saúde e geografia, os quais são utilizados até o momento para ilustrar os caminhos da saúde no desenvolvimento das sociedades.

Na sequência, destinamos o Capítulo 3 às contribuições de diferentes ciências para a geografia da saúde, levando em consideração que a saúde-doença das populações requer o uso de abordagens multidisciplinares.

No Capítulo 4, contextualizamos a gestão para a saúde e os aspectos das políticas internacionais e nacionais pensadas para gerir os territórios e melhorar a qualidade de vida das populações. Também analisamos a evolução das políticas públicas de saúde no Brasil até a configuração do Sistema Único de Saúde (SUS).

Mais adiante, no Capítulo 5, examinamos os aspectos da acessibilidade aos serviços de saúde que se referem diretamente aos assuntos do capítulo anterior. Aqui, verificamos também a contribuição dos tratamentos alternativos para caracterizar o acesso à saúde de diferentes localidades.

No Capítulo 6, pesquisamos sobre os diferentes mecanismos utilizados pelos profissionais de saúde do passado, com vistas a mapear as doenças e apresentar o contexto atual, possibilitado pelo avanço das tecnologias, da informática e do uso dos sistemas de informação geográfica para elaborar mapeamentos complexos e de caráter multidisciplinar.

Por fim, no Capítulo 7, explanamos sobre como são tratados os assuntos de saúde no ensino superior e, em seguida, nos ensinos fundamental e médio, para relacionar os saberes apresentados nos seis capítulos anteriores com ênfase ao ensino de geografia da saúde.

Esperamos que essas discussões possam levar você ao aprendizado da geografia da saúde e instigar o interesse de pesquisadores e geógrafos pela manutenção das sociedades e pela geração de políticas públicas de saúde.

Como aproveitar ao máximo este livro

Esta seção tem a finalidade de apresentar os recursos de aprendizagem utilizados no decorrer da obra, de modo a evidenciar os aspectos didático-pedagógicos que nortearam o planejamento do material e como o aluno/leitor pode tirar o melhor proveito dos conteúdos para seu aprendizado.

Introdução do capítulo
Logo na abertura do capítulo, você é informado a respeito dos conteúdos que nele serão abordados, bem como dos objetivos que o autor pretende alcançar.

Síntese

Você conta, nesta seção, com um recurso que o instigará a fazer uma reflexão sobre os conteúdos estudados, de modo a contribuir para que as conclusões a que você chegou sejam reafirmadas ou redefinidas.

Indicações culturais

Nesta seção, o autor oferece algumas indicações de livros, filmes ou *sites* que podem ajudá-lo a refletir sobre os conteúdos estudados e permitem o aprofundamento em seu processo de aprendizagem.

Atividades de autoavaliação

Com estas questões objetivas, você tem a oportunidade de verificar o grau de assimilação dos conceitos examinados, motivando-se a progredir em seus estudos e a se preparar para outras atividades avaliativas.

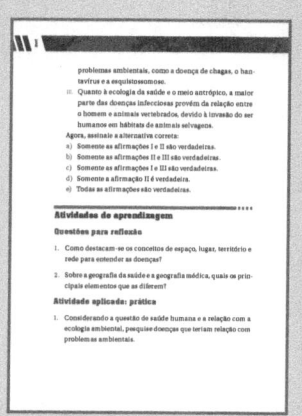

Atividades de aprendizagem

Aqui você dispõe de questões cujo objetivo é levá-lo a analisar criticamente determinado assunto e a aproximar conhecimentos teóricos e práticos.

Bibliografia comentada

Nesta seção, você encontra comentários acerca de algumas obras de referência para o estudo dos temas examinados.

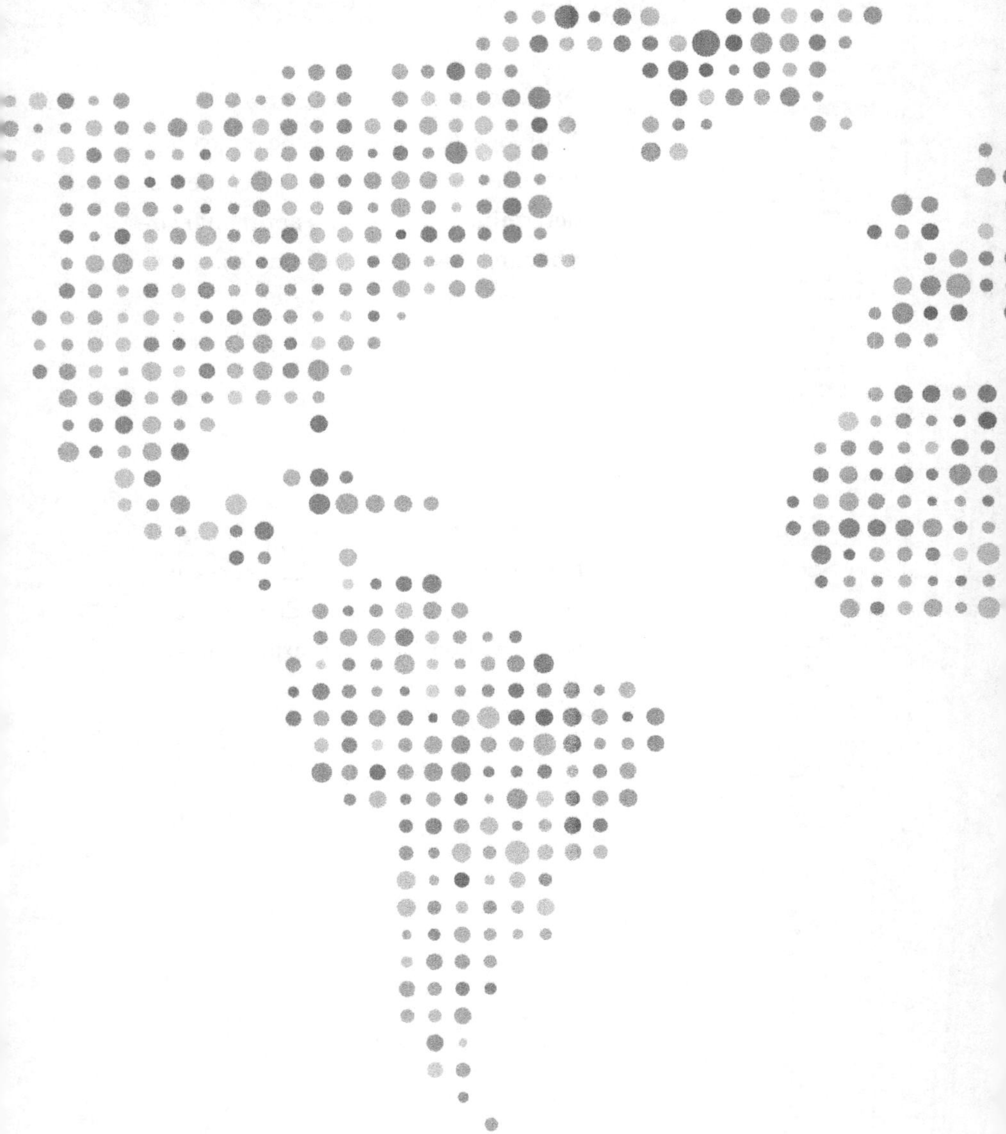

I
A relação saúde-doença e o espaço geográfico

Faz parte do cotidiano das sociedades a preocupação com os processos de saúde e doença. Diferentes áreas destinam-se aos processos que envolvem a manutenção da saúde, como os planejamentos socioeconômico e ambiental na esfera local ou nos níveis estadual e federal. A geografia, nesse sentido, apodera-se dessas discussões e vem atuando no ambiente acadêmico com resultados que podem auxiliar na tomada de decisões e na criação de ambientes para a promoção da saúde, visando ao equilíbrio socioambiental.

Para a melhor compreensão desses fatos, abordaremos as concepções sobre saúde e doença e como a geografia, de maneira multidisciplinar, passou a tratá-las.

1.1 Concepções de saúde e de doença

Na última década, é possível constatar maior interesse e preocupação da sociedade e da ciência no que se refere à saúde e à doença. Esse fato pode ser explicado, por exemplo, em virtude da difusão do conhecimento pelos meios de comunicação, sobretudo pela internet, que levou o acesso às informações, principalmente sobre as doenças, ao cotidiano das pessoas. Além disso, por meio de desenvolvimento em pesquisa, foi possível adquirir novas tecnologias para diagnosticar e tratar variadas doenças, tornando o assunto de interesse geral (Batistella, 2007).

Nesse sentido, refletiremos na sequência sobre esses conceitos (saúde e doença). Segundo o *Dicionário Houaiss*, *saúde* significa:

1. estado de equilíbrio dinâmico entre o organismo e seu ambiente, o qual mantém as características estruturais e funcionais do organismo dentro dos limites normais para a forma particular de vida (raça, gênero, espécie) e para a fase particular de seu ciclo vital
2. estado de boa disposição física e psíquica; bem-estar ‹apesar da idade, apresenta ótima s.›
3. (sXIII) brinde, saudação que se faz bebendo à saúde de alguém
4. (sXIV) força física; robustez, vigor, energia ‹trabalho pesado requer muita s.› [...]. (Saúde, 2009)

Por sua vez, consoante o mesmo dicionário, *doença* significa:

1. pat alteração biológica do estado de saúde de um ser (homem, animal etc.), manifestada por um conjunto de sintomas perceptíveis ou não; enfermidade, mal, moléstia ‹o câncer é uma d. de difícil cura›
2. p.ext. alteração do estado de espírito ou do ânimo de um ser; enfermidade ‹sua tristeza era uma d.›
3. fig. devoção excessiva; mania, obsessão, vício, enfermidade ‹para ele, o jogo era uma d.›. (Doença, 2009).

Ambos os conceitos são contemporâneos, abordam aspectos sociais e da vida emocional para representar os desequilíbrios físico e mental. Segundo Backes et al. (2009), na Antiguidade clássica, por exemplo, o conceito de saúde foi apresentado por Galeano com a teoria das latitudes de saúde, dividindo-a em três classificações básicas: (1) saúde, (2) estado neutro e (3) má saúde. Essas três categorias poderiam ser combinadas gerando nove dimensões distintas e que se fizeram presentes na medicina ocidental por mais de mil anos.

Nesse sentido, o conceito de saúde é resultante de representações históricas que foram se alterando conforme as sociedades se organizavam. Em 7 de abril de 1948, a Organização Mundial da Saúde (OMS) apresentou o conceito de saúde e sua relação direta com as políticas públicas e o dever do Estado de promovê-la, instituindo a data o como o Dia Mundial da Saúde (Scliar, 2007). Segundo a OMS, o conceito de saúde representa algo além da ausência de enfermidades, passando a representar o bem-estar mental, físico e social (Scliar, 2007).

No entanto, há mais conceitos de saúde e de doença utilizados no decorrer da história das sociedades. Backes et al. (2009) explicam que diversas áreas da ciência utilizam o **parâmetro da normalidade**. Nesse princípio, o evento que ocorrer com maior frequência é considerado habitual e mais saudável (é normal porque sempre acontece e passa a ser o habitual). Porém, ao pensar nos conceitos de saúde e de doença, os autores salientam que eles perpassam por dimensões subjetivas, além dos aspectos biológicos, apresentando variações na "normalidade" dos fatos, conforme os impactos que ocasionaram em diferentes sociedades (Backes et al., 2009).

O conceito de saúde reflete as conjunturas social, econômica, política e cultural de determinados lugares, variando conforme a época e a circunstância dos fatos. Assim, não podemos afirmar que a saúde é igual para todos, pelo contrário, como esclarece Scliar (2007, p. 30), "dependerá de valores individuais, dependerá de concepções científicas, religiosas, filosóficas". O autor ainda reforça que o conceito de doença segue o mesmo princípio.

Valentim (2010) complementa que a *doença* é a perda do equilíbrio no sistema corporal, mas que não se refere apenas aos aspectos médico-biológicos, perpassando pelo aspecto social. Ele ainda acentua que se trata do reflexo da fragilidade e da precariedade do homem, demonstrando a transitoriedade do corpo humano (suas fases de desenvolvimento) e atingindo seu limite na morte. Com base nesses fatos, podemos compreender a saúde como o equilíbrio do organismo interno do homem com seu meio de convívio (Valentim, 2010).

A preocupação com a saúde se faz presente nas sociedades e, atualmente, pode ser considerada um valor individual, fazendo parte da dinâmica pessoal, como a adoção de comportamentos considerados saudáveis – como a procura por alimentos orgânicos, por exemplo. Nesse sentido, outros valores são evidenciados, como o relacionado aos moldes de beleza: temos os exemplos do acesso aos tratamentos estéticos, do uso de cosméticos e da crescente busca por cirurgias plásticas (Batistella, 2007).

Além disso, Batistella (2007) chama a atenção para o modelo capitalista vigente – o do consumo –, o qual define processos de acessibilidade e atenção à saúde. Nesse sentido, é necessário gerar mudanças no padrão de vida para a promoção da saúde. Segundo Backes et al. (2009, p. 113), "É muito mais do que uma aplicação técnica e normativa, ou seja, a promoção da saúde está relacionada à potencialização da capacidade individual e coletiva das pessoas para conduzirem suas vidas frente aos múltiplos condicionantes da saúde".

Para a promoção da saúde, muitas variáveis devem ser equacionadas para definir pessoas e ambientes em estado de vulnerabilidade. Sobre isso, Backes et al. (2009) salientam que outros termos foram criados para tratar de assuntos de saúde, como *empowerment* (descentralização de poderes) e *vulnerabilidade*. Dessa forma, é possível abordar as questões por áreas diferentes da saúde, as quais atuam de forma transdisciplinar e geram resultados que atendem às demandas das sociedades. A geografia é um exemplo dessa abordagem transdisciplinar.

1.2 Da geografia médica à geografia da saúde

Após breve contextualização sobre saúde e doença, passaremos a identificar os pressupostos que embasaram a relação da geografia com a saúde. A geografia, que trata da espacialidade dos fatos e estuda os ambientes (naturais e antropizados), a partir da geografia médica, começou a se voltar aos aspectos da saúde e ao registro de doenças em determinados locais. A geografia médica, então, é considerada a ciência que relaciona os fatores geográficos e a influência do homem nas paisagens, por meio do registro da distribuição e da prevalência das doenças no planeta (Pessoa, 1960, citado por Santos, 2010).

Grande parte dos trabalhos da geografia médica era realizada por médicos e outros profissionais do ramo da saúde. Morais (2007) explica que, nos períodos de expansão europeia, sobretudo no século XIX, médicos das marinhas europeias coletavam informações sobre doenças em várias partes do planeta, com o objetivo criar um banco de dados sobre os agravos e, em seguida, processá-los e compará-los. Esse processo gerava intensos debates entre autoridades médicas quanto à padronização e ao tratamento das informações, pois era necessário seguir critérios científicos rigorosos e, ao mesmo tempo, levantar uma gama de informações sobre cada localidade, o que viabilizaria a base para a construção de mapeamentos globais com a mesma nomenclatura nosológica, ou seja, de classificação das doenças (Morais, 2007).

Em meados do século XX, foi possível identificar os trabalhos de mapeamento das doenças pela aproximação entre a geografia médica e a epidemiologia (estudo da difusão de doenças) geográfica, sobretudo pelos trabalhos que buscaram identificar doenças infecciosas e, por meio dos mapeamentos, explicá-las (Mazetto, 2008).

> A **geografia médica**, então, é considerada a ciência que relaciona os fatores geográficos e a influência do homem nas paisagens, por meio do registro da distribuição e da prevalência das doenças no planeta (Pessoa, 1960, citado por Santos, 2010).

Os estudos da geografia médica ocorrem até hoje e podem ser classificados em duas vertentes principais. A primeira refere-se ao grupo que explora as diferentes dimensões da saúde e da doença (registros das doenças, por exemplo). A segunda dedica-se aos estudos sobre a assistência médica (Rosenberg; Wilson, 2005; Mazetto, 2008; Santos, 2010).

Da mesma forma que ocorre nos estudos geográficos tradicionais, é possível relacionar os conceitos de espaço e de lugar nos estudos da geografia médica. Segundo Eyles (1993, citado por Rosenberg; Wilson, 2005), essas análises apresentavam o **espaço** de duas maneiras distintas: ou como um recipiente para os fatos e as coisas ou como um atributo de características específicas. Quando associado a recipiente para coisas, pode ser considerado o palco para as relações sociais, porém, de forma independente dos fenômenos que contiver; quando tomado como atributo de características específicas, tem em vista as particularidades de cada lugar.

Já o **lugar** tem sido apresentado historicamente por meio da localização pontual dos fatos. As pesquisas que exploraram a ligação entre os lugares e a saúde indicam a seguinte classificação: (a) como coordenadas em um mapa e (b) no conjunto de características físicas ou sociais em diferentes escalas geográficas, como bairros, cidades ou regiões. É importante destacar que, dessa maneira, a saúde se torna restrita aos aspectos médicos, não priorizando as questões socioeconômicas e políticas das populações (Rosenberg; Wilson, 2005).

Prosseguindo, King (2010) alega que a geografia médica tradicional mostrou-se disposta a procurar diferentes metodologias para superar o modelo positivista de investigação científica, mas ainda apresentou limitações. Além disso, o modelo biomédico (das áreas de biologia e medicina) recebeu críticas em razão da possibilidade de estar associado a um discurso ocidental direcionado para as elites. Nesse sentido, métodos qualitativos, que priorizam as diferentes etnias e experiências de pessoas doentes, têm se apresentado como alternativa para a compreensão dos variados cenários (King, 2010).

No mesmo contexto, Rosenberg e Wilson (2005) argumentam que, por mais importantes que tenham sido as análises espaciais e locais na perspectiva da geografia médica, elas ainda apresentavam limitações ao considerar os espaços e os lugares e suas relações com as atividades humanas, por negligenciar os aspectos socioambientais que dão características específicas para cada lugar e são condicionantes na saúde da população.

Diante desses fatos, começaram a surgir discussões sobre a necessidade de estudos que abordassem a perspectiva da saúde nos lugares, adotando uma visão mais holística e priorizando as qualidades locais (Rosenberg; Wilson, 2005). Por meio de um pequeno grupo de geógrafos médicos pautados nessa problemática, surgiu uma geografia pós-médica: aquela que ultrapassaria as duas vertentes da geografia médica tradicional (perspectivas espaciais e locais sobre a saúde e os cuidados de saúde) para uma que reconhecesse a relação recíproca e dinâmica entre a saúde e o lugar (Rosenberg; Wilson, 2005; Cutchin, 2007; Dummer, 2008).

Assim, chegou-se à geografia da saúde, que, na academia, é tratada como uma subdisciplina da geografia humana e estuda as relações entre o homem e o meio ambiente. Do ponto de vista prático, a geografia da saúde ainda aparece estreitamente ligada aos estudos da epidemiologia. No entanto, esta encontra-se mais ligada aos estudos de biologia das doenças, com base no modelo biomédico, ao passo que a geografia da saúde visualiza aspectos socioambientais, culturais e políticos de determinados locais (Dummer, 2008).

Cutchin (2007) chama a atenção para o fato de haver geógrafos médicos que ainda utilizam abordagens da ciência tradicional positivista para tratar aspectos da saúde das populações, mas acentua que, ao contrário deles, a geografia da saúde, por priorizar os processos de lugar e empregar ampla gama de quadros teóricos, possibilita a análise pormenorizada de determinados ambientes. Além disso, os pesquisadores da geografia da saúde também apresentam abordagens que se relacionam com a geografia cultural, estão ligados à problemática social e tecem críticas ao Estado, por exemplo (Rosenberg; Wilson, 2005; Pickenhayn, 2008; King, 2010).

Com os debates sobre a problemática da saúde e o desenvolvimento de metodologias para seu entendimento, ocorreu, gradativamente, a distinção e o afastamento entre a geografia da saúde e a geografia médica. Como já mencionado, isso aconteceu em razão das preocupações com o bem-estar social, que

> Assim, chegou-se à geografia da saúde, que, na academia, é tratada como uma subdisciplina da geografia humana e estuda as relações entre o homem e o meio ambiente.

demandou a separação entre o universo médico e os interesses mais amplos com os cuidados da saúde (King, 2010).

Ainda, convém ressaltar que, ao passo que as discussões foram sendo aprofundadas, outros temas de saúde, frequentemente negligenciados, passaram a fazer parte dos assuntos e das investigações científicas, como os diferentes tipos de deficiências e sexualidades (King, 2010).

Para Perehouskei e Benaduce (2007), os estudos de geografia da saúde são reflexo das discussões iniciadas em processos de colonização, sobretudo com base na geografia médica, porém, hoje, atuam com ênfase na medicina preventiva, buscando auxiliar nos planejamentos locais.

Pensando nas diferenças entre geografia da saúde e geografia médica, Cutchin (2007) apresenta três dimensões principais. A primeira dimensão, já abordada aqui, trata-se da interpretação dos fatos baseados no conceito de lugar, distanciando-se das generalizações das análises espaciais (Rosenberg; Wilson, 2005; Pickenhayn, 2008; King, 2010). Cutchin (2007) ainda salienta que a relação dos processos, com a incorporação de vertentes da geografia cultural, passou também a conceber o conceito de lugar como uma paisagem, tendo como resultado publicações com ênfase em paisagens terapêuticas ou de consumo, cuja preocupação central eram as questões de saúde das populações. King (2010) complementa que a paisagem serve para entender as diversas camadas de história, o ambiente natural e a estrutura social construídos a partir das ações antrópicas.

Como segunda dimensão, Cutchin (2007) afirma que a incorporação de discussões teóricas relacionando os conceitos geográficos tornou-se uma vertente explorada na geografia da saúde, ainda que não exista um padrão e que muitos pesquisadores utilizem teorias divergentes para explicar os fenômenos. "Por fim, a terceira dimensão se refere aos estudos sobre as disparidades de saúde, tendo por base a análise das questões socioambientais, que criam ou moldam ambientes de vulnerabilidade à saúde" (Cutchin, 2007, p. 726, tradução nossa).

Sobre as **questões sociais** – enfoque dos pesquisadores em geografia da saúde –, elas têm se apresentado como uma crítica ao modelo biomédico, com base no precedente de que os médicos buscam combater a patologia (doença) e, a partir de sua remoção, estabelecer o retorno à saúde, porém não conseguindo explicar as formas de doença ou os mecanismos responsáveis por tê-las iniciado (King, 2010).

Analisando apenas a geografia da saúde, os estudos têm-se fundamentado em duas vertentes principais: a primeira, mais antiga e tradicional, é a **nosogeografia**, que se destina a analisar as doenças e sua distribuição, baseada em relações espaço-temporais (Santana, 2004; Dummer, 2008; González Castañeda, 2013). A segunda vertente é a da **atenção médica**, destinada aos estudos sobre a estrutura dos serviços de atenção médica, que se estabelece como crítica aos modelos de políticas públicas de saúde, suas fragilidades e sua acessibilidade por diferentes populações (Santana, 2004; Dummer, 2008; González Castañeda, 2013). Dummer (2008) complementa que a epidemiologia das doenças tem relação com os estudos de geografia e com a prestação dos serviços de saúde.

González Castañeda (2013) divide a geografia da saúde em dois níveis: operacional e diretivo. O **nível operacional** refere-se à resolução dos problemas de saúde mediante a investigação e a análise dos dados espaciais para, assim, fornecer informações aos setores de saúde. Já o **nível diretivo** se refere ao planejamento das ações, mais voltado às políticas públicas e à tomada de decisão em escalas locais, municipais e regionais (González Castañeda, 2013).

Pensando nas classificações da geografia da saúde, Guimarães (2015, p. 33) argumenta:

> A Geografia da saúde passou a reunir essas duas tendências que, juntas, integraram problemáticas de uma base teórica plenamente fértil e instigante: que relações podem ser estabelecidas entre o perfil de morbimortalidade de um lugar e o seu respectivo padrão de distribuição dos equipamentos destinados a responder pelas mudanças desse perfil epidemiológico? Em outras palavras, de que modo se encontram imbricados o perfil de oferta de serviços e a demanda social por saúde?

Responder a essas indagações é uma tarefa árdua e que necessita de diferentes variáveis para a compreensão dos cenários de doenças, perpassando por áreas do conhecimento como epidemiologia, saúde coletiva, medicina, entre outras (trataremos disso com maior ênfase no Capítulo 3). Apenas refletindo sobre as áreas da geografia, é possível visualizar a interdisciplinaridade existente nos assuntos de geografia da saúde.

Compreender um cenário de vulnerabilidade às doenças requer um esforço interdisciplinar de ramos da geografia física e humana para a identificação e a análise dos fenômenos naturais e daqueles resultantes das ações antrópicas (Santana, 2004). Rojas (2003) acredita que a geografia da saúde pode ser considerada transdisciplinar, tendo em vista sua relação com as ciências biológicas e sociais.

Direcionando as discussões para a geografia, é necessário relacionar os assuntos de saúde com os conceitos estruturantes tradicionais, como espaço, lugar, território e rede.

O conceito de **espaço** esteve mais relacionado aos assuntos da geografia médica tradicional (atualmente, os geógrafos médicos vêm incorporando outras variáveis na análise espacial), na qual os locais com predisposição à ocorrência de doenças eram considerados sem relação com o tempo e as pessoas ali residentes (Czeresnia; Ribeiro, 2000). Além disso, Valentim (2010) salienta que foi a partir do século XX que a vinculação entre espaço e saúde foi tratada pela medicina e pela geografia como objeto de formulações teóricas (relacionando as doenças com conceitos da geografia), resultando na consolidação da geografia médica como ciência.

Valentim (2010) também conceitua espaço ao relacionar os aspectos da saúde com os lugares. O autor salienta que as condições de saúde não são fixas no espaço, mas podem migrar, mediante as possibilidades de saúde e doença estarem diretamente relacionadas com as condições de cada localidade. Valentim (2010) ainda ressalta que a saúde depende da expressividade do social no local – quanto melhores as relações socioambientais (levando em consideração a população residente), maiores as possibilidades de saúde.

Já o conceito de **lugar** foi apresentado como a essência dos estudos da geografia da saúde e crítica à geografia médica, por priorizar os aspectos sociais e a análise aprofundada das localidades, representando também o conceito de **território** e sua relação com as políticas públicas e a gestão do espaço.

Por conseguinte, o conceito de **rede**, segundo Czeresnia e Ribeiro (2000, p. 600), traduz as conexões com os locais, constituindo a ligação entre o material e o social: "as redes atravessam contextos materiais e socioculturais diversificados e podem ser compreendidas como constituindo espaços de circulação e difusão de agentes de doenças". Atualmente, é fácil identificar esse conceito na transmissão de doenças dependentes de vetores – como dengue, *zika* e ebola, por exemplo – e que trouxeram graves problemas em escala global.

Com essas discussões, exemplificamos parte da relação entre os estudos sobre a disseminação de doenças e a geografia, relação esta que é alvo de pesquisadores tanto da geografia médica quanto da geografia da saúde, com vistas à identificação dos espaços e dos lugares mais vulneráveis, bem como das populações e dos cuidados com a saúde. Um caráter da ciência é acompanhar a evolução das técnicas e, nesse sentido, é possível identificar esforços entre os pesquisadores das duas ciências em avançar nos quadros teóricos e nas análises espaciais, com ênfase para as questões políticas e ambientais e para a transformação da geografia médica em ciência mais inclusiva, sobretudo no que tange às questões sociais (Rosenberg; Wilson, 2005).

Ao passo que a ciência vai aprimorando certas discussões, é possível evidenciar, em paralelo, a problemática das questões de saúde em detrimento das evoluções das técnicas de produção e da geração dos impactos ambientais. Luginaah (2009) salienta que os impactos ambientais no mundo, como as variadas poluições, são resultantes das circunstâncias econômicas e políticas mundiais e geram graves impactos à saúde das populações. Além disso, esses fatos não respeitam fronteiras e são facilitados pela globalização, intensa urbanização e industrialização, acentuando os riscos ambientais e destacando problemas, a exemplo da desnutrição e da insegurança alimentar.

Podemos, com isso, inferir que a relação da geografia com a saúde das populações é relevante, porém, é necessário avançar nos métodos e nas teorias para compreender a complexidade das relações socioambientais e fortalecer a geografia da saúde como ciência, uma vez que, em determinados países e regiões (países da América do Sul, por exemplo) ela ainda se encontra em segundo plano, tendo em vista a maior relevância e o poder da epidemiologia e da medicina nas academias (González Castañeda, 2013).

1.3 Doenças, ecologia e meio ambiente

A relação entre a ecologia, o meio ambiente e as doenças decorre da história do homem e data de 12 mil anos atrás. Com as primeiras aglomerações de seres humanos, a mudança para um comportamento sedentário, a domesticação de animais e as técnicas de agricultura, deu-se início a intervenção da paisagem pela ação antrópica, que, nos últimos séculos, intensificou-se, gerando uma série de conflitos socioambientais (Dias-Lima, 2014).

A relação entre o processo de saúde e doença e o meio ambiente foi apresentada por Hipócrates (460-377 a.C.) em sua mais emblemática e importante obra, *Dos ares, águas e lugares* (Dias-Lima, 2014), na qual o autor já questionava as interações entre o homem e seu lugar de convívio.

Essas interações entre o meio ambiente e os homens são classificadas em: **interespecíficas**, que se referem à hierarquia das relações, na qual o homem se distancia do restante dos seres vivos pela capacidade de decisão; e **intraespecíficas**, que consideram o coletivo e a necessidade de organizar ações para um bem comum, resultando em novas propostas de condutas sociais (Guimarães; Pickenhayn; Lima, 2014).

Para prosseguir nesse aspecto, passaremos a identificar conceitos essenciais que relacionam meio ambiente, ações antrópicas e saúde. O primeiro refere-se à **ecologia**, que pode ser definida como o estudo da casa e foi utilizada pela primeira vez em 1868, por Ernst Haeckel, cientista alemão, que a destacava no estudo das interações dos seres vivos com o meio ambiente e entre si (Roncoletta, 2010). Por conseguinte, a ecologia no cuidado médico introduz os processos de saúde e doença nesses cenários (White, 1997, citado por Roncoletta, 2010). Logo, *ecologia médica* pode ser conceituada como a ciência que estuda os processos de saúde e doença mediante as relações do homem com o meio ambiente, identificando seu desequilíbrio (Dias-Lima, 2014). Vaughn (1978, citado por Dias-Lima, 2014, p. 166) define a *ecologia médica* como "o estudo de todas as doenças em grupos de pessoas em relação a ambos os seus ambientes bióticos e abióticos".

Em 1939, o microbiologista francês René Dubos, pesquisador que buscava entender as infecções em regiões tropicais, apresentou o termo *ecologia médica* para inferir sobre as interações entre o meio ambiente e as doenças dos locais analisados. A partir desse mesmo ano, o termo passou a ser utilizado por pesquisadores e médicos (Dias-Lima, 2014).

Outras interfaces são possíveis por meio da ecologia médica. Um exemplo é o conceito de ecossistema, que ressalta as inter-relações entre os organismos de determinados ambientes. Segundo Moran (2000, citado por McElroy, 2004), o ambiente pode ser dividido em três componentes: elementos bióticos (alimentos, predadores e vetores), elementos abióticos (energia solar e clima) e elementos culturais (ação antrópica), que têm papel essencial no bem-estar e na sobrevivência humanos.

Outro exemplo é o da tríade epidemiológica, que, segundo Dias-Lima (2014), pode ser encontrada com a nomenclatura de *tríade ecológica das doenças*, resultante das relações entre os hospedeiros (que carregam as patologias), os agentes (causadores das doenças, como os vírus e as bactérias) e o meio ambiente. O desequilíbrio desses fatores é o responsável pelo aumento das doenças no mundo. O autor ainda salienta a existência dos vetores, que são responsáveis por transmitir as doenças e devem ser considerados nessas análises.

Por fim, mas não menos importante, temos a **ecologia das doenças**, termo utilizado por diversos pesquisadores, como Myers et al. (2013), que o relacionam às alterações dos ecossistemas e o surgimento das doenças. Para os autores, além das alterações em comunidades ecológicas, são contemplados a abundância das espécies e seu movimento como parte da dinâmica populacional, com a presença e o aumento de doenças infecciosas.

Segundo Mayer (1996, citado por King, 2010), a ecologia da saúde se relaciona com a geografia mediante os processos do mundo físico, como a vegetação, o clima e os relevos, e com a biologia em razão dos processos evolutivos das espécies, ou seja, a ecologia dos vetores e patógenos, que são condicionantes na produção de focos da doença. Complementando, Dias-Lima (2014, p. 167) ressalta as relações da ecologia médica com as ciências básicas e as aplicadas:

> Nas básicas, estão a própria ecologia, geologia, oceanografia, hidrologia, bioquímica, biologia celular, física, química, sensoriamento remoto e outras. Nas aplicadas, a bioestatística, ciências médicas, epidemiologia, antropologia, agronomia, ciências ambientais, toxicologia, ciências sociais e a geografia médica.

Para representar as relações entre os organismos e o meio ambiente, Guimarães, Pickenhayn e Lima (2014) apresentaram um esquema de eficiência que consiste em cinco aspectos (que devem ser desenvolvidos pelos organismos): perdurar, dominar, compartir, consumir e produzir. **Perdurar** refere-se à sobrevivência, levando em consideração diversos fatores, como a migração e a procriação. **Dominar** remete à territorialidade, na qual determinados organismos desempenham papéis de controle sobre os outros (predador *versus* presa). **Compartir** se expressa como a necessidade de coexistência de determinados organismos, que buscam tirar proveito mútuo em determinadas situações. **Produzir** e **consumir** são apresentados com estreita ligação entre si e podem ser exemplificados pela fotossíntese, inicialmente, na geração de componentes de subsistência das espécies, os quais, posteriormente, geram outros elementos para compor uma cadeia trófica.

Nesse cenário, constatam-se claramente a importância e o impacto das relações entre o meio ambiente e a produção de doenças. Assim, as doenças tornam-se mais evidentes quando ocorrem desequilíbrios nos ecossistemas. Sobre isso, McElroy (2004) argumenta que, atualmente, as sociedades têm buscado mecanismos adaptativos para os conflitos ambientais e a manutenção do bem-estar e da saúde. No entanto, esses processos só conseguem suprir o problema quando a intensidade dos desequilíbrios não é considerada grave. Logo, quando ocorrem os graves desequilíbrios nos ecossistemas, surgem os cenários de degradação ambiental, perda de biodiversidade, declínio das populações, perda de qualidade na alimentação e, consequentemente, maiores problemas de saúde (McElroy, 2004).

Para avaliar os processos de impactos nos ecossistemas, em 2005, foi elaborada a Avaliação dos Ecossistemas do Milênio, com a representação de 95 países e 1.360 pesquisadores. Entre as conclusões apresentadas está a de que todos os esforços para melhoria de saúde, sustentabilidade ambiental e erradicação da pobreza no mundo são fatores improváveis de ocorrer, em razão, sobretudo, da degradação ambiental (Myers et al., 2013). Esse seria um aspecto primordial para a sustentabilidade.

São vários os exemplos de doenças que se relacionam com questões ecológicas e que fazem vítimas na história da sociedade. Vamos conferir alguns exemplos. Segundo Dias-Lima (2014), a doença de Chagas, descoberta por Carlos Chagas em 1909, é um excelente exemplo dessa relação, visto que tem como gênese principal a transmissão por vetores. Nesse caso específico, a transmissão ocorre pelas fezes de triatomíneos (barbeiros), que são hospedeiros invertebrados. Dias-Lima (2014) esclarece que a doença predomina no continente americano e tem estreita relação com mamíferos, entre eles os seres humanos, e seus registros estão associados ao desequilíbrio da espécie, sobretudo pela ação antrópica. Em pesquisa executada no Panamá e na Amazônia brasileira, constatou-se que a redução de espécies mamíferas implica maior risco de exposição à doença de Chagas para seres humanos (Myers et al., 2013).

Outro exemplo destacado por ecologistas de doenças é a relação entre a perda de biodiversidade aviária nos Estados Unidos e o maior risco de exposição ao vírus Nilo Ocidental. Paralelamente, identificou-se o contrário com a doença de Lyme e a exposição ao hantavírus, doenças acentuadas quando a diversidade de mamíferos apresenta declínio (Myers et al., 2013).

Myers et al. (2013) afirmam que, por meio dos estudos sobre vetores e oscilações das espécies, ocorreu a proposta do **princípio de efeito de diluição**, no qual os riscos à exposição aos vetores são reduzidos quando há o aumento de hospedeiros intermediários. Nesse caso, esses intermediários comprometem a ação dos hospedeiros competentes e que realmente podem transmitir a doença. Estudos têm indicado que esse princípio explicaria a redução da malária na Amazônia brasileira (Myers et al., 2013).

Sobre a gênese de transmissão da malária, os estudos na África e na América do Sul apresentam a relação direta com o desmatamento, porém, na Ásia, essa correlação não é previsível em virtude da presença de outros vetores, os mosquitos *Anopheles*, deixando as previsões menos consistentes (Myers et al., 2013). O desmatamento na África também tem relação com a transmissão da esquistossomose, por alterar a densidade das espécies de caracóis aquáticos, seu hospedeiro intermediário (Myers et al., 2013).

Prosseguindo, citamos o exemplo das leishmanioses visceral e tegumentar, que têm sua gênese de transmissão diretamente relacionada às questões ecológicas; atualmente, é possível identificar suas transmissões nas áreas urbanas, mesmo que historicamente tenham sido presentes apenas em áreas rurais. Isso se explica devido ao desmatamento e às transformações ambientais, que, consequentemente, colocam as populações em risco (Dias-Lima, 2014).

Direcionando para as zoonoses (sua transmissão envolve animais vertebrados e o homem), é possível identificar que elas representam 75% das doenças infecciosas emergentes. Compreender a problemática requer visualizar as ações antrópicas, sobretudo pela invasão dos hábitats dos animais selvagens e pelo consumo de carne selvagem, os quais apresentam benefícios sociais em razão da agricultura e das fontes de nutrientes oriundas da carne. No entanto, ao visualizar a maior interação do homem com ambientes selvagens, é possível perceber que o risco dessas doenças é intensificado (Myers et al., 2013). Além disso, existem provas convincentes de que o HIV e o ebola sejam resultado dessas interações entre os homens e os animais (Myers et al., 2013).

Apontamos até o momento uma série de conflitos resultantes dos desequilíbrios dos ecossistemas, principalmente em virtude das alterações antrópicas. Porém, é importante contextualizar que algumas ações do homem produziram efeitos positivos na saúde pública. Novas tecnologias proporcionaram, por exemplo, a drenagem de pântanos, que são hábitats para vetores (mosquitos), como ocorreu no Vale do Tennessee, também na Nigéria e em outros países da África subsaariana, reduzindo, assim, os riscos da malária (Myers et al., 2013). Além disso, existem esforços em produção de alimentos, construção de barragens e potencialização da irrigação que buscam aumentar o fornecimento de energia e alimentos, fatores determinantes nas questões de saúde (Myers et al., 2013).

Por fim, investigar a incidência das doenças requer um olhar profundo sobre o meio ambiente e as transformações ambientais promovidas pelo homem, identificando os cenários de risco e analisando os benefícios do investimento em saúde pública do último século, especialmente pelas ações adaptativas e pelos investimentos nos serviços de saúde.

Síntese

Tanto a geografia médica quanto a geografia da saúde estão preocupadas com as questões de saúde das populações. No decorrer da evolução das ciências e das técnicas, a geografia médica passou a demonstrar um esforço em atentar para fatores sociais, por exemplo, que até o século passado estavam negligenciados. Esse esforço representa a característica da ciência em adaptar-se diante dos cenários estabelecidos.

Neste capítulo, examinamos como os conceitos de saúde e de doença sofreram alterações no decorrer das transformações das sociedades para contemplar fatos externos ao corpo humano. Além disso, esses conceitos também representam a relevância dos estudos de saúde, ao passo que incorporaram em suas definições os aspectos socioculturais, e não somente a relação entre presença ou não de doenças.

Com base nesses pressupostos, identificamos como a geografia se relaciona com os temas da área da saúde, por intermédio da geografia médica e da geografia da saúde, ressaltando suas particularidades e os caminhos que as consolidaram em cenário mundial. A geografia da saúde tornou-se um ramo diferente da geografia médica por priorizar as inter-relações entre os fatos físicos, sociais e culturais na disseminação das doenças. No entanto, constatamos que a geografia médica tem apresentado esforços para evidenciar aspectos sociais na consolidação das doenças.

Por fim, apresentamos o contexto ambiental e o papel das ciências, com suas multiáreas, no entendimento do meio ambiente e sua relação com a produção de doenças para subsidiar as ações de planejamento e políticas públicas de saúde.

As discussões sobre saúde e meio ambiente revelaram a inter e a transdisciplinaridade desses fatos, e existem ramos do conhecimento que se dedicam a compreender como o ambiente contribui ou não nas questões de saúde das populações.

Contudo, pensando na real efetividade dos serviços de saúde e do planejamento, Avila-Pires (2000, citado por Dias-Lima, 2014) ressalta que poucos profissionais, sobretudo os ecólogos e biólogos, têm formação para atuar em assuntos de microbiologia e patologias e, quase sempre, não têm conhecimento sobre a epidemiologia, o que complica o tratamento. Além disso, o mesmo autor salienta que, muitas vezes, o homem procura confrontar as doenças, mas não persiste no entendimento sobre os fatores que as geraram nem sobre como as sociedades são impactadas por elas, fortalecendo o diagnóstico e o tratamento pela cura, em vez de pensar em preveni-las.

Muitos são os fatores que devem ser considerados no trato da saúde pública. Se, por um lado, é possível identificar um cenário de degradação ambiental, prejudicando os remanescentes de florestas, a biodiversidade de plantas e animais e colaborando na disseminação de variadas doenças, de outro, não se pode negar os fatores positivos das políticas de saúde do último século, com as campanhas higienistas e o combate à fome, ensejando melhor qualidade de vida (McElroy, 2004). Assim, a problemática da saúde merece destaque e incentivo para pesquisas de áreas correlatas, com vistas ao entendimento da sociedade e do comportamento de determinadas doenças, para, assim, diminuir seus impactos.

Indicação cultural

Livro

GUIMARÃES, R. B. **Saúde**: fundamentos de geografia humana. São Paulo: Ed. da Unesp, 2015.

Nessa obra, você poderá encontrar mais informações sobre aspectos da saúde e seu trato na ciência geografia, aprofundando seus estudos e identificando outras particularidades sobre o assunto.

Atividades de autoavaliação

1. Considerando a concepção de saúde, assinale a alternativa correta:
   a) O conceito de saúde se manteve ao longo da história e, mesmo diante das diferentes organizações da sociedade, não foi alterado.
   b) O conceito de saúde, segundo a OMS, representa apenas ausência de doenças/enfermidades.
   c) A saúde reflete somente o aspecto social dos lugares.
   d) O conceito de saúde apresenta mudanças conforme a época e as circunstâncias dos fatos e, portanto, não se pode afirmar que a saúde é igual para todos.
   e) O conceito de saúde atualmente presente na sociedade pode ser considerado um valor coletivo.

2. Quanto à geografia médica, assinale V para as afirmações verdadeiras e F para as falsas.
   ( ) Segundo Pessoa (1960, citado por Santos, 2010, p. 43), "a ciência que faz a relação dos fatores geográficos e a influência antrópica por meio de registros de distribuição e prevalência de doenças pela Terra é a Geografia médica".
   ( ) No século XX, foram realizados mapeamentos de doenças e, com base nos resultados, foi possível explicá-las. Esses mapeamentos tornaram-se viáveis em razão da aproximação entre a geografia médica e a epidemiologia geográfica.
   ( ) Atualmente, os estudos da geografia médica são classificados em: exploração das diferentes dimensões da saúde e da doença e estudos sobre a assistência médica.
   ( ) Nos estudos da geografia médica, é possível relacionar os conceitos de espaço e de lugar.

( ) As análises de espaço e lugar na geografia médica são limitadas em virtude de os aspectos socioambientais ainda não serem muito analisados.

Agora, assinale a alternativa que corresponde à sequência correta:
a) F, F, F, V, V.
b) F, V, F, V, V.
c) V, V, F, V, V.
d) F, F, F, F, V.
e) V, V, V, V, V.

3. Considerando a geografia da saúde, assinale a alternativa **incorreta**:
   a) Apesar de ainda estar vinculada à epidemiologia, a geografia da saúde engloba aspectos socioambientais, culturais e políticos.
   b) A geografia da saúde tem suas bases na geografia médica, porém atua hoje na medicina preventiva e auxilia no planejamento local.
   c) Quanto à geografia da saúde, pesquisadores afirmam que seus estudos são da vertente da nosogeografia, em que a saúde é analisada nas relações espaço-tempo.
   d) Segundo González Castañeda (2013, p. 773, tradução nossa) "a Geografia da Saúde pode ser dividida em nível operacional (resolução dos problemas de saúde) e diretivo (planejamento das ações), basicamente".
   e) Refletindo sobre as diferentes áreas de conhecimento da geografia, é possível visualizar a interdisciplinaridade existente nos assuntos de geografia da saúde.

4. Com base na ecologia médica, assinale V para as afirmações verdadeiras e F para as falsas.

( ) As interações entre o meio ambiente e o meio antrópico são classificadas em interespecíficas e intraespecíficas.

( ) As interações entre o meio ambiente e o meio antrópico são consideradas interespecíficas, apenas.

( ) A ecologia médica é a ciência que estuda processos de saúde e de doença na relação do homem com o meio ambiente, identificando o desequilíbrio.

( ) Como exemplo de interface da ecologia médica, o conceito de ecossistema ressalta as inter-relações entre os organismos de um ambiente.

( ) O ecossistema na ecologia médica aponta que o ambiente é dividido apenas entre biótico e abiótico.

Agora, assinale a alternativa que corresponde à sequência correta:

a) F, V, V, V, V.
b) F, V, F, V, V.
c) V, F, V, V, F.
d) F, F, F, F, V.
e) F, F, F, V, V.

5. Considerando a ecologia da saúde, analise as afirmações a seguir.

I. Para que ocorra uma relação de harmonia entre organismos e o meio ambiente, o que leva o equilíbrio do ecossistema, são necessários três aspectos: dominar, consumir e produzir.

II. Quanto à questão da saúde humana e à relação desta com a ecologia e a degradação ambiental, existem doenças que foram diagnosticadas e ainda são encontradas devido a problemas ambientais, como a doença de chagas, o hantavírus e a esquistossomose.

III. Quanto à ecologia da saúde e o meio antrópico, a maior parte das doenças infecciosas provém da relação entre o homem e animais vertebrados, devido à invasão do ser humanos em hábitats de animais selvagens.

Agora, assinale a alternativa correta:
a) Somente as afirmações I e II são verdadeiras.
b) Somente as afirmações II e III são verdadeiras.
c) Somente as afirmações I e III são verdadeiras.
d) Somente a afirmação II é verdadeira.
e) Todas as afirmações são verdadeiras.

Atividades de aprendizagem

Questões para reflexão

1. Como destacam-se os conceitos de espaço, lugar, território e rede para entender as doenças?

2. Sobre a geografia da saúde e a geografia médica, quais os principais elementos que as diferem?

Atividade aplicada: prática

1. Considerando a questão de saúde humana e a relação com a ecologia ambiental, pesquise doenças que teriam relação com problemas ambientais.

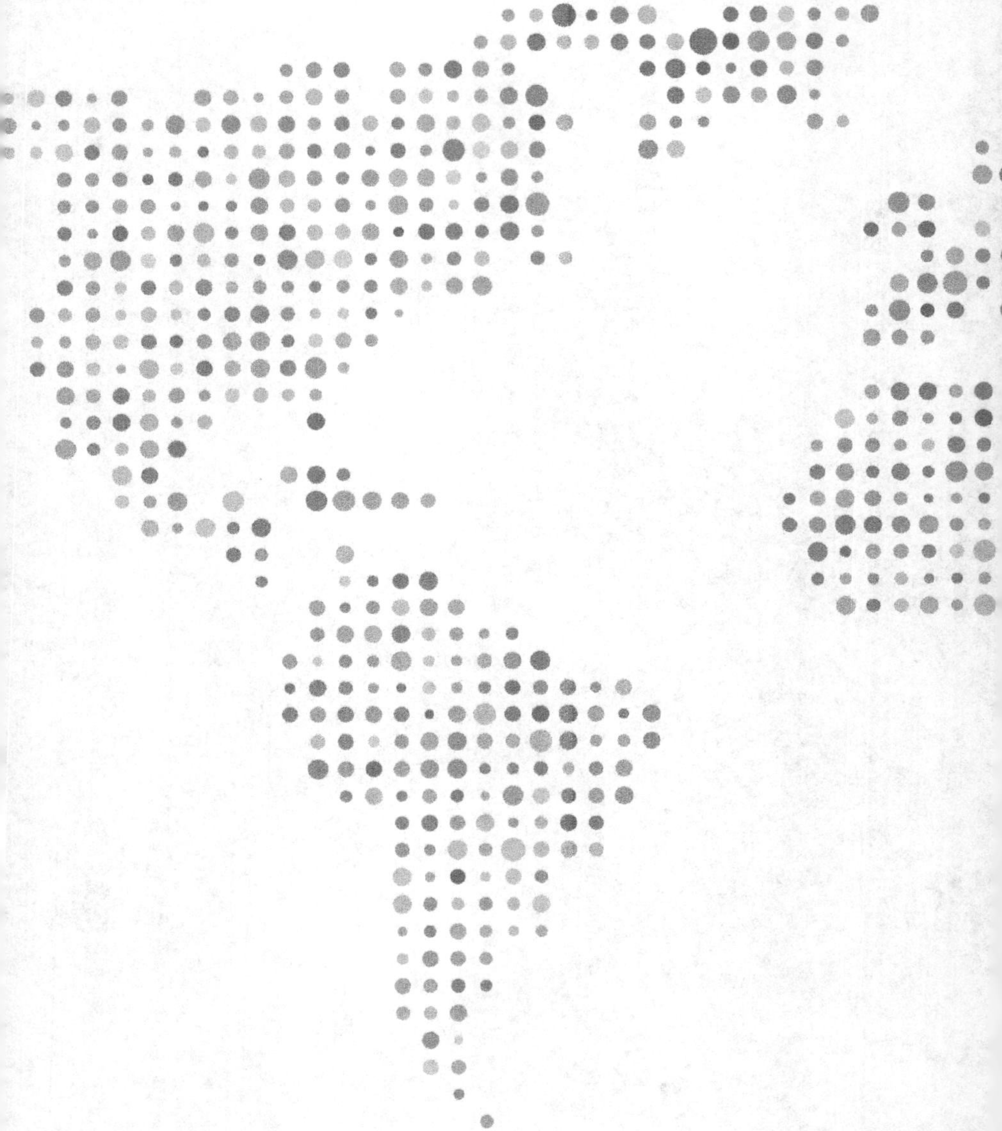

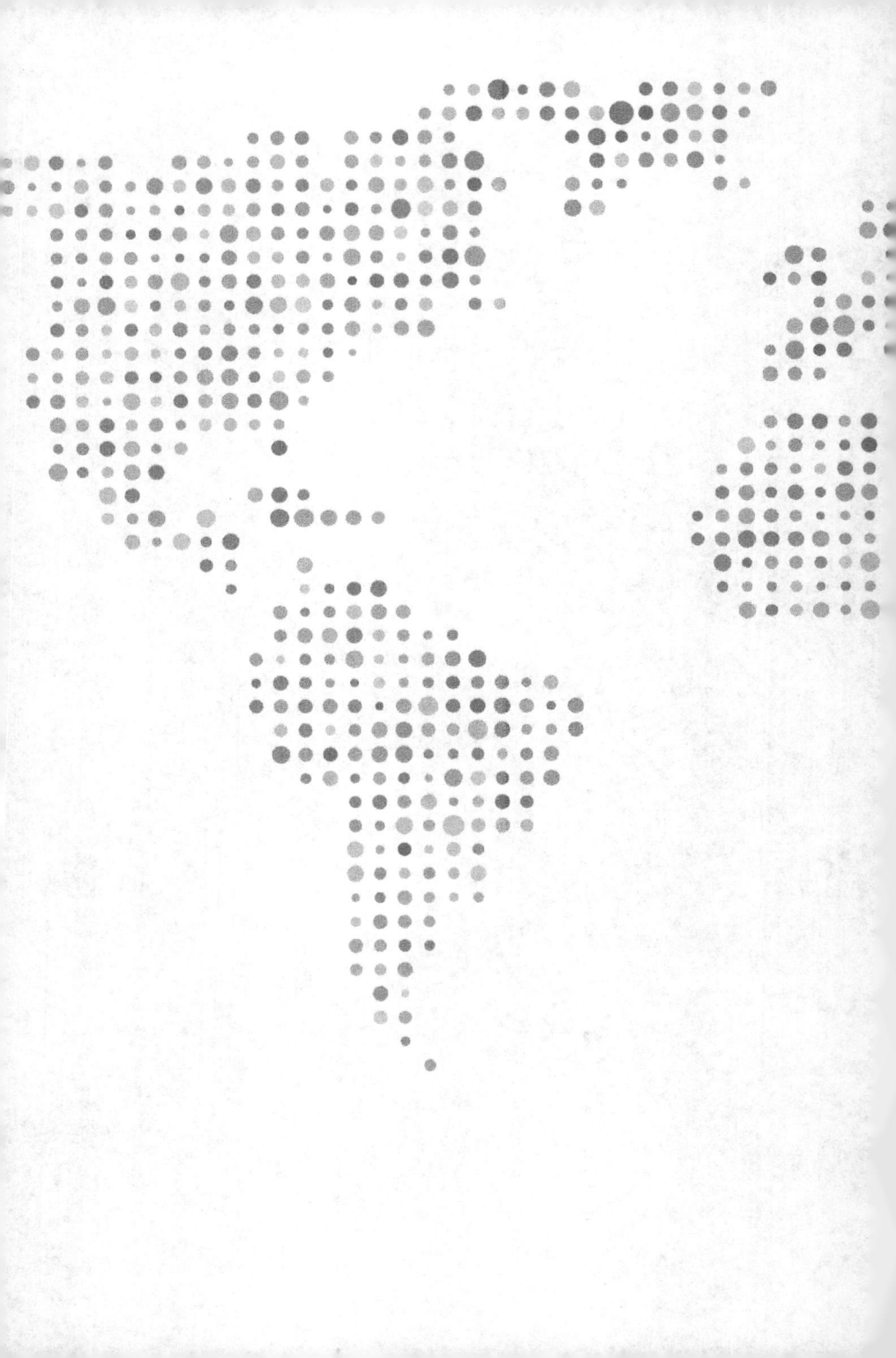

2 A perspectiva histórica: os lugares e a saúde

Desde o homem primitivo, o modo de vida relaciona-se com o meio ambiente, como na busca por alimentos e proteção em razão das mudanças climáticas, configurando comportamentos que visam à sobrevivência. Com relação às doenças, estudos de paleoepidemiologia (doenças do passado) asseguram que elas foram registradas, no mínimo, há 3 mil anos. Essa conclusão foi resultado de análises realizadas em restos de esqueletos e em múmias, além de pinturas que as retratavam no Egito e entre índios pré-colombianos, bem como de alguns fatos registrados na Bíblia, no Velho Testamento (Batistella, 2007).

Nesse contexto, vamos retratar os aspectos históricos das doenças e o comportamento das sociedades ao lidar com esses fatos, a fim de investigarmos o processo até os dias atuais.

2.1 As doenças nas civilizações clássicas e na Idade Média

Segundo a paleopatologia – ciência que atua na reconstrução de cenários pré-históricos e sua relação com as doenças –, as doenças estão presentes nos seres humanos desde a Antiguidade, apresentando-se, basicamente, como infecções, inflamações, tumores, problemas de metabolismo e desenvolvimento (Johnson; Johnson; Morrow, 2014).

Além disso, o homem, que vivia da caça, encontrava-se em situações de risco e com problemas nas atividades cotidianas, como lesões, cortes e quedas. Quando a doença não era resultado desses fatos, passavam a ser tratadas como problemas sobrenaturais, envolvendo a fúria dos deuses ou demônios ou, até mesmo, a presença de espíritos malignos presos na Terra (Gutierrez; Oberdiek, 2001; Batistella, 2007).

Para buscar a cura, diferentes povos contavam com sacerdotes, xamãs, benzedeiras e curandeiros. Segundo Batistella (2007), no território atualmente brasileiro contava-se com xamãs e pajés nos rituais de cura; na África, eram as benzedeiras e os curandeiros que tratavam os enfermos. Assim, para se obter a cura, eram executados rituais, envolvendo mágica e preceitos religiosos, somados às forças da natureza para tentar eliminar o mal que acometia o doente. Como parte do ritual, os curandeiros utilizavam

> cânticos, danças, instrumentos musicais, infusões, emplastros (técnica que envolve aquecer a superfície de determinada região do corpo), plantas psicoativas, jejum, restrições dietéticas, reclusão, tabaco, calor, defumação, massagens, fricção, escarificações (técnica que produzia cicatrizes no corpo por meio de objetos cortantes), extração da doença pela provocação do vômito, entre outros recursos terapêuticos. (Batistella, 2007, p. 29)

Outros registros foram adotados para datar eventos de cura, a exemplo de uma pintura feita em uma caverna no sul da França, datada por volta de 17.000 a.C., que mostra um xamã (da idade do gelo) com vestimentas e máscara animal que o caracterizam como um antigo curandeiro (Straub, 2005).

Mais um exemplo consistiu no uso da trepanação, técnica por meio da qual os curandeiros faziam buracos irregulares

> Assim, para se obter a cura, eram executados rituais envolvendo mágica e preceitos religiosos, somados às forças da natureza para tentar eliminar o mal que acometia o doente.

nos crânios dos doentes ou mortos para que os espíritos malignos pudessem sair do corpo. Esse era um mecanismo amplamente utilizado no tratamento das doenças. Além disso, os registros indicam seu uso em terras da Europa, do Egito, da Índia e das Américas Central e do Sul (Straub, 2005).

Sobre o antigo Egito, havia o consenso de que as doenças ocorriam pelo desequilíbrio entre **fatores espirituais** e a própria existência humana, sendo executados rituais com orações, magias e farmacopeia (preparação de medicações) para a recuperação do doente (Johnson; Johnson; Morrow, 2014). Ainda no mesmo período (por volta de 4 mil anos atrás), a **higiene** das populações passou a ser um fator considerado no tratamento das doenças – fato observado diante da preocupação quanto à limpeza dos ambientes (Straub, 2005).

Na antiga Mesopotâmia (a partir de 5.000 a.C.), também foi possível encontrar indícios históricos do planejamento, baseados em preceitos de higiene, para coibir algumas doenças. Na região onde hoje é o Iraque, registros indicaram a fabricação de sabão, a construção de instalações sanitárias e os cuidados com o tratamento de esgoto (Stone et al., 1979, citado por Straub, 2005).

Algumas sociedades da Mesopotâmia, como babilônios, assírios e hebreus, estabeleceram normas e condutas de higiene para as populações, com o objetivo de alcançar pureza espiritual (Johnson; Johnson; Morrow, 2014). Também já havia a crença de que algumas doenças transmissíveis estariam ligadas ao modo de vida, existindo relação entre alimentos, elementos da natureza, excrementos humanos e vestimentas (Johnson; Johnson; Morrow, 2014).

Na Babilônia, por exemplo, existia o preceito de **vida plena**, que se baseava nas questões espirituais e em ser bem visto não apenas pelos deuses, mas também pela sociedade, desfrutando de boa saúde. Ainda nesse período já se esperava a formulação de família, com filhos que pudessem prestar homenagens nos funerais dos pais (Biggs, 2005). Com relação às doenças, os escritos antigos demonstram que havia dois modos de diagnosticar o doente: um deles seria pelo próprio enfermo, que perceberia algum tipo de desequilíbrio físico, apresentando náusea, dor ou dificuldades motoras; outro seria por meio das pessoas de seu convívio, que passariam a notar algum tipo de distúrbio, como perda de memória e alterações de comportamento (Biggs, 2005).

Em razão das dificuldades daquela época, o tratamento dos doentes se baseava, principalmente, em remédios caseiros e bastante simples, porém, os textos médicos apenas traziam relatos dos tratamentos efetuados por curandeiros "profissionais". Ressalta-se que esses curandeiros utilizam ervas comuns, o que tornou possível seu uso disseminado na sociedade (Biggs, 2005).

> Segundo Gutierrez e Oberdiek (2001), foi sob a influência das civilizações egípcias e de alguns povos do Oriente Médio que as reflexões sobre as causas das doenças passaram a buscar respostas concretas, colocando o lado espiritual e religioso em segundo plano.

Os curandeiros daquela época atuavam com duas frentes de combate às doenças: uma delas com o uso dos **tratamentos tradicionais** (uso de medicações, por exemplo) e a outra por meio da **espiritualidade**. Quando uma pessoa era diagnosticada com alguma doença extrema, também se acreditava na atuação dos demônios que deveriam ser expurgados; para tanto, era comum o uso de amuletos com encantamentos exorcistas (Biggs, 2005).

Todo esse cenário de problemas com a saúde na Antiguidade intensificou-se em virtude das mudanças no modo de vida das populações. Segundo Batistella (2007), foi no período neolítico (12.000 a 4.000 a.C.) que começaram a surgir as primeiras aglomerações populacionais (aldeamentos) próximas a rios e áreas férteis, que permitiam o cultivo de alimentos, tornando o homem agricultor e pastor.

Essas alterações no modo de vida também deram início a mudanças nos ecossistemas (como a necessidade de produção dos alimentos e o despejo de resíduos), sobretudo considerando a maneira pela qual o homem interagia com os elementos da natureza (Johnson; Johnson; Morrow, 2014). Um forte condicionante desse período foi a domesticação de animais, tanto para o auxílio na lavoura quanto para a alimentação, que foi responsável pela transmissão de várias doenças – por exemplo, "doenças como a varíola e a tuberculose migraram do gado para os seres humanos" (Batistella, 2007, p. 30).

Além disso, quando a dinâmica era a constante migração, o homem ficava menos tempo exposto aos parasitas, porém, ao estabelecer moradias, havia a necessidade de armazenamento de alimentos e de descarte de resíduos, como as fezes humanas, que atraíam vetores de doenças (Batistella, 2007; Johnson; Johnson; Morrow, 2014).

As mudanças no modo de vida e o reflexo na transmissão de doenças trouxeram mais discussões sobre a relação entre saúde e doença. Segundo Gutierrez e Oberdiek (2001), foi sob a influência das civilizações egípcias e de alguns povos do Oriente Médio que as reflexões sobre as causas das doenças passaram a buscar respostas concretas, colocando o lado espiritual e religioso em segundo plano. Além disso, o hospital, como o conhecemos hoje, foi reflexo da criação de um local específico para tratar os doentes no Oriente Médio (Gutierrez; Oberdiek, 2001).

Destacando o papel da Grécia Antiga nos tratamentos de saúde, Gutierrez e Oberdiek (2001) afirmam que foi lá onde surgiu a **medicina científica**, que era dividida em duas linhas específicas: uma voltada ao doente (indivíduo) e aos prognósticos e outra com foco na gênese de transmissão das doenças. Esses autores mencionam ainda que diferentes doenças poderiam ter sintomas e causas iguais.

No entanto, para Johnson, Johnson e Morrow (2014), grande parte dos conhecimentos dos gregos antigos sobre a transmissão das doenças se baseava no misticismo, fato que só foi ultrapassado com as **teorias de Hipócrates**.

Hipócrates, que se tornou o pai da geografia médica, publicou a obra *Dos ares, águas e lugares*, em 480 a.C., contribuindo muito para a história da medicina (Johnson; Johnson; Morrow, 2014). Em suas teorias, o grego demonstrou que a gênese das doenças estaria atrelada ao meio ambiente local, com relação aos tipos de clima, ao solo, à qualidade das águas e à alimentação (Batistella, 2007; Santos, 2010). Além disso, Hipócrates apresentou a doença como o desequilíbrio entre quatro fatores essenciais: bile amarela, bile negra, fleuma e sangue, fundamentando-se em aspectos físicos para buscar explicações racionais (Scliar, 2007; Johnson; Johnson; Morrow, 2014; Straub, 2005). Com base nos estudos de Hipócrates, as doenças foram compreendidas por meio dos miasmas[i] (Teoria Miasmática), com base em agentes externos (Batistella, 2007).

A publicação de Hipócrates também foi importante na expansão colonial da Grécia, pois trouxe contribuições para o planejamento e a organização das comunidades, tendo em vista as atitudes de prevenção contra as doenças (Batistella, 2007). Outro fato foi a recomendação de visita prévia, feita por médicos, para investigar as condições sanitárias dos ambientes que seriam colonizados. Além disso, o texto também fez indicações sobre os locais ideais para os acampamentos, sugerindo locais secos e com radiação solar (Johnson; Johnson; Morrow, 2014), o que demonstra

---

i. Os miasmas são gases formados pela decomposição dos cadáveres.

a preocupação com a transmissão de doenças e com o meio ambiente, com vistas a um conceito ecológico de saúde (Scliar, 2007). Essas relações se tornaram essenciais no trato da saúde, pois, ao observar as "relações com o meio natural (periodicidade das chuvas, ventos, calor ou frio) e social (trabalho, moradia, posição social etc.), Hipócrates desenvolveu uma teoria que entende a saúde como homeostase, isto é, como resultante do equilíbrio entre o homem e seu meio" (Batistella, 2007, p. 32).

Com base nesses pressupostos teóricos, outros autores passaram a publicar sobre questões ambientais e o trato da saúde das populações. Na Roma antiga, tem-se a publicação *De Aquis Urbis Romae* (Os aquedutos da cidade de Roma, em português), na qual Sexto Júlio Frontino (40-104 a.C.) abordou a importância do suprimento de água por meio de aquedutos e sua captação de rios, levando em consideração a pureza e os benefícios da água para a saúde humana (Rosen, 1994, citado por Batistella, 2007).

Outro aspecto importante dos romanos foi o hábito do **banho**. Mesmo com as diferentes finalidades (higiene e terapias), esse hábito trouxe benefícios à saúde das populações. Merece destaque também o sistema de **esgoto** de Roma por meio de encanamentos sob as ruas. Entretanto, tudo isso não significa que não existiam outros problemas urbanos, como a pobreza e as situações de risco (Batistella, 2007).

Ainda, é válido ressaltar que foi com os romanos que surgiram as primeiras preocupações com a **saúde dos trabalhadores**, ao observarem os ambientes insalubres, por exemplo, como no trabalho em minas, que deixava os mineiros expostos a fluídos e vapores tóxicos, o que causava severos problemas de saúde (Batistella, 2007).

Avançando nos acontecimentos históricos, o médico Claudius Galeno (ca. de 129 a 200 d.C.) dedicou-se a estudar a anatomia dos animais por meio de dissecações, bem como o tratamento dos gladiadores romanos. Ele foi autor de variadas publicações sobre anatomia, higiene e dietas na manutenção da saúde humana (Straub, 2005). Galeano também foi responsável por avanços na teoria humoral de Hipócrates e na farmacologia, tanto que seus estudos serviram de base para os médicos por cerca de 1.500 anos. Além disso, com base nesses estudos, outros locais passaram a utilizar sistemas de medicina similares, como China, Índia e outros países não ocidentais (Straub, 2005).

Os fatos apresentados até o momento são uma síntese histórica das civilizações antigas, porém, em virtude da dificuldade dos registros, muitos deles baseiam-se em relatos médicos. Não seria possível abordar todos os eventos que desencadearam a evolução do diagnóstico e do tratamento dos doentes, mas eles são suficientes para demonstrar a importância da ciência em cada época e como ela determinou a qualidade de vida das populações. Para prosseguir, identificaremos como ocorreu a relação saúde-doença na Idade Média.

2.2 Idade Média: um período conflitante

Alguns fatos, apresentados por Johnson, Johnson e Morrow (2014), evidenciam o declínio da ciência na Idade Média e o fortalecimento dos dogmas da Igreja Católica. Segundo os autores, a partir dos embates políticos no Império Romano, que o desintegraram, ocorreu a descentralização dos poderes. Esse fato levou à consolidação de graves problemas nas cidades romanas que afetaram diretamente os serviços de saúde já estabelecidos pelo império.

Diante desse cenário e da falta de administração dos serviços públicos, a Igreja Católica passou a expandir seu poder e a assumir a autoridade sobre a Europa naquele período (Johnson; Johnson; Morrow, 2014). Com essa influência, o **advento do cristianismo** acabou por condicionar novas abordagens relativas à saúde.

Essas novas abordagens podem ser descritas em duas vertentes. A primeira refere-se diretamente ao **pecado**, que passa a representar o determinante dos males físicos e a influência de maus espíritos adoecendo a alma da população (Gutierrez; Oberdiek, 2001). Além disso, o castigo divino e as possessões demoníacas passaram a ser utilizados no diagnóstico das doenças (Batistella, 2007). A segunda vertente se refere ao tratamento dos enfermos, por meio do **exorcismo** (Gutierrez; Oberdiek, 2001). A partir desses fatos, os médicos foram substituídos por religiosos e,

> no lugar de recomendações dietéticas, exercícios, chás, repousos e outras medidas terapêuticas da medicina clássica, são recomendadas rezas, penitências, invocações de santos, exorcismos, unções e outros procedimentos para purificação da alma, uma vez que o corpo físico, apesar de albergá-la, não tinha a mesma importância. (Batistella, 2007, p. 34)

Batistella (2007) complementa que as práticas impostas pela Igreja Católica afastaram qualquer explicação racional sobre as doenças e sua relação com a natureza e, por consequência, as ciências passaram a ser vistas como blasfêmias. Logo, a Idade Média passou a ser considerada o momento de retrocesso teórico-metodológico, quando os estudos hipocráticos perderam sua importância em detrimento das ideologias sobre o sagrado e o profano (Gutierrez; Oberdiek, 2001).

Paralelamente ao cenário de dominação religiosa, o período da Idade Média também apresentou a necessidade de controle das epidemias de doenças infecciosas, pois os registros eram contínuos e impactavam muitas populações (Johnson; Johnson; Morrow, 2014). Duas grandes epidemias de peste bubônica podem ser relatadas na história da doença, uma por volta de 543 d.C. e em 1348, além de surtos menores de variadas doenças, como lepra, varíola, tuberculose, sarampo, difteria (Johnson; Johnson; Morrow, 2014).

A *morte negra* foi o nome dado à peste bubônica que atingiu seu pico em 1348, ocasionando uma devastação na Europa medieval. Os registros indicam que a doença matou um quarto da população naquele período e foi causada por bactérias transmitidas pela pulga de ratos (Batistella, 2007; Johnson; Johnson; Morrow, 2014). Mesmo com avanços na questão do controle das epidemias, nesse período ainda predominava a teoria miasmática para explicar as doenças (Batistella, 2007).

Por ser considerada uma doença transmissível, a peste ocasionou a organização de setores de saúde para o isolamento dos indivíduos doentes. Esse isolamento deu origem às medidas de **quarentena** e também foi utilizado em casos de lepra, nos quais os viajantes eram obrigados a permanecer 40 dias nos navios antes de atracar no continente (Johnson; Johnson; Morrow, 2014). Registros bíblicos apresentam relatos de manifestação da lepra como uma impureza perante Deus, reforçando o aspecto do isolamento dos doentes. E como houve o êxito com a quarentena para essa doença, ela passou a ser utilizada também para outras doenças transmissíveis (Batistella, 2007).

Há de se mencionar também que foi na Idade Média que surgiram os primeiros **hospitais**, como conhecemos hoje, sob a tutela das igrejas e localizados nos monastérios. Eles tinham a missão de tratar os pobres e doentes. Ademais, foi no interior dos monastérios que, em razão da concentração das informações científicas sobre saúde e higiene, no final da Idade Média começaram a surgir as primeiras universidades (Batistella, 2007).

Com o fim da Idade Média, ocorreu a renovação do pensamento científico, ao passo que a Igreja perdia parte de sua influência na sociedade, dando espaço para o desenvolvimento de obras artísticas, filosóficas e científicas para um novo mundo, que se tornava urbano e burguês.

2.3 A saúde pós-Renascimento: aspectos da Idade Moderna

É importante ressaltar que o período pós-Idade Média foi um momento de transição, no qual o poder da Igreja passou a se reduzir aos poucos e a ciência adquiriu novo fôlego na busca por explicações racionais para os fatos.

Um autor importante desse período foi Girolamo Fracastoro, que publicou a obra *De Contagione*, em 1530, tratando da questão do contágio da sífilis pelo ato sexual. Também teve papel importante ao propor a diferenciação dos condicionantes das doenças, alegando existir um agente específico para cada tipo de doença, mesmo com todas as dificuldades técnicas daquele período (Batistella, 2007).

Outro importante personagem do período da Renascença e que contribuiu para as questões de saúde foi o filósofo René Descartes (1596-1650), que apresentou a dinâmica do corpo humano como uma máquina, demonstrando, por meio de modelos mecânicos, os processos físicos e básicos de seu funcionamento; o médico, para ele, seria uma espécie de mecânico (Straub, 2005).

Descartes apresentou o corpo humano como a relação entre a mente e o corpo, alegando que ambos atuam com processos separados e autônomos, sofrendo, assim, diferentes influências do meio (Straub, 2005).

Paralelamente aos avanços nas discussões sobre a saúde, é importante relacioná-las com as mudanças nas sociedades. Nesse período ocorreu a diferenciação dos povos e o surgimento da burguesia, detentora do capital e responsável pelo domínio do comércio e das manufaturas. Iniciou-se, então, o processo de **expansão comercial** destinada às terras do Oriente, o que levou ao descobrimento de novas terras e, consequentemente, ao contato com novas doenças (Batistella, 2007).

Segundo Batistella (2007), entre os séculos XV e XVI, as sociedades passaram a depender do saber técnico para o desenvolvimento das atividades, como mineração, metalúrgica, navegação e agricultura. Desse modo, houve a necessidade de compreender os fenômenos da natureza a fim de garantir melhores condições ao usá-los (Batistella, 2007). "Nasce daí uma intensa cooperação entre cientistas e técnicos, entre ciência e indústria [...] Pouco a pouco vão sendo estabelecidas as bases de um pensamento científico cujo discurso pré-moderno passa a submeter todo e qualquer conhecimento à prova da prática" (Batistella, 2007, p. 38).

> Descartes apresentou o corpo humano como a relação entre a mente e o corpo, alegando que ambos atuam com processos separados e autônomos, sofrendo, assim, diferentes influências do meio (Straub, 2005).

A partir dessas demandas, o ser humano, ao acompanhar o surgimento da ciência moderna, via-se como manipulador da natureza por meio da experimentação científica. Sevalho (1993) afirma que o **racionalismo científico** é reflexo do individualismo e da criatividade do homem. Com relação à saúde, o modo de vida urbano e a transmissão das doenças proporcionaram o surgimento da **medicina moderna** (Peiter, 2005).

É importante contextualizar que a história da medicina está diretamente ligada ao colonialismo europeu, pois, com o expansionismo (inicialmente para o Oriente, e depois para o Ocidente) e o enfrentamento das doenças tropicais, todos os esforços foram direcionados na legitimação do imperialismo, tendo por base a disseminação da cultura branca para os povos considerados hostis (Morais, 2007).

Nesse contexto de modernidade, os estudos no campo da saúde viram o aprofundamento da anatomia, da fisiologia e da descrição das doenças com base na epidemiologia e na observação clínica (Batistella, 2007). Era possível identificar dois diferentes grupos com ideologias específicas. O primeiro se refere aos **contagionistas**, que buscavam identificar as especificidades de cada doença a partir de seu contágio. Em contrapartida, havia os **não contagionistas**, que explicavam as epidemias com base nos desequilíbrios de uma constituição atmosférica e corporal (Batistella, 2007).

Aproximando-se dos dias atuais, nossa análise temporal estará intimamente ligada aos textos do primeiro capítulo, sobre a transição entre geografia médica e geografia da saúde, em razão de sua temporalidade.

É importante mencionar que ocorreram mudanças importantes nas sociedades, como o expansionismo territorial, que serão evidenciadas conforme se relacionavam com as doenças. Sobre isso, Mazetto (2008, p. 19) argumenta que, entre os séculos XVIII e XIX, ocorreram grandes mudanças na sociedade, como "o Iluminismo, a Revolução Americana, a Revolução Francesa, a Revolução Industrial, o novo colonialismo europeu e norte-americano, o estabelecimento do sistema capitalista industrial, a dissidência socialista". Segundo o autor, foi em meio a essas inovações que a **epidemiologia geográfica** teve seus primeiros trabalhos realizados (Mazetto, 2008).

Corroborando essas discussões, Krieger (2000, citado por Koch, 2009) afirma que, no início do século XVIII, os matemáticos franceses passaram a utilizar métodos estatísticos para analisar os problemas sociais e de saúde, sendo necessário a divisão das cidades por jurisdições para a espacialização dos dados sociais e de saúde. Assim, com base nas informações coletadas, iniciou-se a criação de bancos de dados de saúde que poderiam ser utilizados por diversos pesquisadores para tratar aspectos sociais (renda, densidade populacional) e aspectos físicos da paisagem (clima, relevo, vegetação etc.). Assim, ocorreu o investimento nas análises cartográficas dos problemas de saúde (Koch, 2009).

No final do século XVIII, Finke (1792, citado por Mazetto, 2008) publicou a obra intitulada *Versuch einer allgemeinen medicinish-praktischen Geographie* (Ensaio de uma Geografia Geral Médico-Prática, em português), na qual a geografia médica foi dividida em: "Geografia das doenças, Geografia da Nutrição e Geografia da atenção médica" (Mazetto, 2008, p. 19).

Em seus estudos, Finke (1792, citado por Mazetto, 2008) trabalhou as questões referentes ao meio ambiente e como elas afetam as populações locais, buscando, por meio da topografia das doenças, gerar informações cartográficas sobre os diferentes registros e as condições observadas, considerando a farmacologia na cura dos doentes. Além disso, o autor destacou o papel de algumas plantas no tratamento de determinadas doenças (Koch, 2009).

Prosseguindo na análise temporal, tem-se o surgimento da **teoria social da medicina** no final do século XVIII, com destaque para o fator social como condicionante das doenças (Gutierrez;

Oberdiek, 2001). A partir desses fatos, o Estado moderno, mediante uma série de doutrinas políticas e econômicas, passou a evidenciar as relações de trabalho na manutenção dos governos, o que condicionou aspectos da saúde pública e dos setores administrativos (Batistella, 2007). Assim, a medicina passou a evidenciar aspectos socioeconômicos e culturais no trato das questões de saúde das populações.

A medicina social foi formada na Europa e pode ser evidenciada em três etapas e locais distintos: na Alemanha, no século XVIII, foi considerada medicina de Estado, na qual os médicos eram subordinados a uma administração central, por meio de um sistema de gestão para as práticas médicas; na França, houve a preocupação com a higiene das cidades, o que levou ao planejamento urbano com vistas ao controle de dejetos e poluentes, como a localização de cemitérios e matadouros; por fim, na Inglaterra, surgiu a "lei dos pobres", momento em que se investiu na vacinação dos trabalhadores e no controle dos pobres, visando a benefícios para as classes mais ricas (Foucault, 1982, citado por Batistella, 2007).

Diante desse contexto, fica evidente a relação entre o capital e as questões de saúde, que foram ainda mais efetivas com as navegações e a exploração de novas terras no século XIX.

2.4 As teorias sobre as doenças: do século XIX aos dias atuais

Segundo Mazetto (2008), o contexto histórico de exploração de novas terras entre os séculos XIX e XX, sobretudo com o expansionismo colonial (imperialismo) europeu em terras da Ásia e

África, foi um fator de influência na geografia médica, pois a exploração de outras terras veio condicionada ao conhecimento sobre as doenças daquelas regiões, impulsionando os estudos sobre as doenças infecciosas tropicais, por exemplo.

Devemos ressaltar também que, até o início do século XIX, havia a influência da política imperialista napoleônica e, dessa forma, o público ao qual os serviços de saúde se destinavam, prioritariamente, foram os feridos de guerra. As questões sociais no trato das doenças só passaram a ter relevância no final do século XIX, em razão dos avanços nas discussões e nos movimentos socialistas (Mazetto, 2008).

Paralelamente ao expansionismo, também ocorreram evoluções no trato das doenças no século XIX. A partir do uso do microscópio, diferentes cientistas passaram a identificar a ação de microrganismos. Os principais autores desse período foram Louis Pasteur e Robert Koch, dando início à fase considerada a **era bacteriológica** (Batistella, 2007; Johnson; Johnson; Morrow, 2014).

Pasteur (1822-1895) foi o cientista que apresentou a relação entre os germes e as doenças, com base em estudos sobre os mecanismos de infecção, atuando, assim, na perspectiva de tratamento para doenças contagiosas, com resultados sobre a ação dos micróbios no ambiente e no homem (Batistela, 2007; Mazetto, 2008; Johnson; Johnson; Morrow, 2014).

Em 1862, Pasteur foi responsável por um grande feito: apresentou à comunidade médica a teoria sobre a **geração da vida**. Segundo o autor, a vida apenas pode existir a partir de outra vida já existente. No entanto, até o século XIX, havia um consenso sobre a teoria da **geração espontânea**, segundo a qual os organismos vivos poderiam ser formados a partir de matérias não vivas. Um exemplo disso seria o surgimento de larvas e moscas em carne podre (Straub, 2005).

Para comprovar sua teoria, Pasteur elaborou um experimento com dois recipientes com mesmo líquido (previamente aquecido para matar qualquer organismo), porém, com estrutura diferenciada. O primeiro tinha "boca" larga o suficiente para a passagem do ar; o outro, por apresentar pescoço em curvatura, impedia a deposição de bactérias presentes no ar (Straub, 2005). O resultado indicou a presença de microrganismos apenas no frasco com boca larga, comprovando a teoria do autor. Com base nisso, Pasteur indicou que um recipiente sem vida (esterilizado) não apresentaria geração de vida, o que possibilitou a prática da esterilização em procedimentos cirúrgicos daquele período em diante (Straub, 2005).

> Com Pasteur e Koch, em virtude da associação entre as bactérias e as causas das doenças, os planejamentos urbanos passaram a levar em consideração a saúde pública e o cuidado com saneamento básico, como a qualidade das águas, os cuidados com os resíduos sólidos e a qualidade de vida das populações (Johnson; Johnson; Morrow, 2014).

O médico Koch, ao estudar transmissão de microrganismos, fez um experimento de três dias para demonstrar a transmissão do antraz utilizando ratos. Tornou-se, assim, referência para o estudo das bactérias (Batistela, 2007; Johnson; Johnson; Morrow, 2014).

Koch ainda "descobriu as bactérias responsáveis por outras doenças, como a tuberculose e a cólera estabelecendo um cenário de oportunidades para o controle das doenças, mas também trazendo a discussão sobre a importância dos vetores nos registros de doenças nas sociedades" (Johnson; Johnson; Morrow, 2014, tradução nossa).

Para Gutierrez e Oberdiek (2001), foi a partir da bacteriologia que a medicina foi capaz de se libertar dos complexos determinantes políticos, econômicos e sociais que a impediam de evoluir.

Com Pasteur e Koch, em virtude da associação entre as bactérias e as causas das doenças, os planejamentos urbanos passaram a levar em consideração a saúde pública e o cuidado com saneamento básico, como a qualidade das águas, os cuidados com os resíduos sólidos e a qualidade de vida das populações (Johnson; Johnson; Morrow, 2014).

Com a bacteriologia surgiu o conceito de **unicausalidade** nas questões de saúde, acreditando-se que o combate às doenças deveria partir apenas de um agente ou fator. Porém, esse conceito possibilitou uma revolução para os cuidados de saúde, com os quais as doenças passariam a ser previstas e curadas (Scliar, 2007).

Outro fato de influência desse período foi a institucionalização da **medicina tropical**, ou seja, "quando a disciplina aliou-se às outras que emergiam no meio médico: helmintologia, protozoologia, parasitologia e bacteriologia" (Edler, 1999, citado por Morais, 2007, p. 57). Segundo Morais (2007), a medicina tropical esteve diretamente atrelada aos estudos de Pasteur, tendo em vista a abordagem sobre a teoria dos germes, porém evidenciando a espacialidade e a distribuição geográfica das doenças. Após essa teoria, também ocorreram modificações no trato do meio ambiente e das doenças. Morais (2007, p. 60) relata que os agentes meteorológicos passaram de "causa eficiente (principais condicionantes) para causa predisponente", sendo conferido a eles o papel de atores secundários. Ainda, os "pressupostos dessa disciplina foram revistos e os micróbios roubaram a cena sem, contudo, desprivilegiar os fatores ambientais como elementos que favoreciam a produção de doenças" (Morais, 2007, p. 60).

Em 1843, Boudin publicou o artigo "Essai de géographie médicale", apresentando uma relação entre elementos naturais e os registros de doenças. Os pontos fortes da obra consistiram nas relações entre clima e endemias, nas quais o autor buscou elaborar uma carta nosográfica (classificação das doenças por localidade) para indicar os locais habitáveis do planeta (Mazetto, 2008).

Em 1854, o médico inglês John Snow (1813-1858) tornou-se referência ao estudar um surto de cólera em Londres, e a **epidemiologia** passou, então, a ganhar espaço nas ciências da saúde (Scliar, 2007). Na ocasião, Snow trabalhou no mapeamento dos registros de óbitos por cólera para identificar a fonte da doença, encontrando como resultado a relação entre a espacialidade dos casos e a presença de uma bomba de água na Broad Street. Ao convencer os gestores do fechamento da bomba, os registros de casos caíram imediatamente. Como resultado de seus estudos, o autor provou a relação da cólera com a água contaminada (McLeod, 2000).

Segundo Mazetto (2008), com os avanços na microbiologia ocorreu um declínio nas pesquisas de geografia médica (aquelas que relacionavam as doenças aos ambientes), pois o momento delegou aos estudos a compreensão do ambiente interno do corpo humano. Porém, o autor argumenta que os avanços do movimento sanitarista e os estudos sobre os ambientes e as doenças ganharam novo fôlego, pois passaram a investigar como os microrganismos são transportados pelos ambientes.

A partir do século XX, os cientistas passaram a desvendar o papel dos hospedeiros e dos vetores na transmissão das doenças. Nesse sentido, "abria-se a possibilidade de aplicar o princípio da imunidade ativa (inoculação de germes vivos em estado atenuado ou de seus extratos) e passiva (injeção de anticorpos específicos produzidos em outro animal) a todas as doenças infecciosas" (Batistella, 2007, p. 43). Com base nesses feitos, criaram-se os **soros** e as **vacinas** para diversas doenças, como tuberculose, difteria, febre amarela, tétano etc. (Batistella, 2007).

Batistella (2007) complementa que a demanda por vacinas e estudos sobre a transmissão das doenças repercutiu na criação de vários laboratórios de microbiologia e imunologia. Além disso, ao se desvendarem os mecanismos de transmissão de determinadas doenças, ocorreram avanços no trato das questões sanitárias e nas condições de vida das populações.

No século XX, citamos Clemow e sua publicação "The Geography of Disease" (1903), na qual, segundo Navarre (1904, citado por Mazetto, 2008), ficou evidente que os aspectos geográficos se relacionam diretamente com a distribuição das doenças, porém, em alguns locais, houve maior presença da geografia humana, em outros (África, por exemplo), os estudos estavam mais ligados à geografia dos transportes etc. Na obra de Clemow, a geografia médica estava mais atrelada aos médicos do que aos geógrafos, pois se destinava também ao tratamento dessas doenças, não apenas à espacialidade dos registros (Mazetto, 2008).

Posteriormente, na década de 1930, surgiu a teoria que ficou conhecida como *tríade ecológica*, responsável também pelo ressurgimento da geografia médica, que havia perdido espaço no período pós-teoria bacteriana. A geografia médica passou a significar um sistema em equilíbrio, o qual dependia do agente, do hospedeiro e do ambiente; se ocorresse o desequilíbrio nesse sistema, surgiriam as doenças (Natal, 2004).

Com base nessas discussões, surgiu o tese da **história natural das doenças**, que fazia críticas à teoria da unicausalidade advinda da teoria bacteriana, trazendo a noção de multicausalidade das doenças. A história natural das doenças foi proposta por Levell e Clark (1976, citados por Augusto, 2003, p. 181) como o "conjunto de processos interativos que cria o estímulo patológico no meio ambiente, ou em qualquer outro lugar, passando pela resposta do homem ao estímulo, até às alterações que levam a um defeito, invalidez, recuperação ou morte". Segundo Augusto (2003), no conceito apresentado por Levell e Clark, é possível identificar duas vertentes independentes no trato das doenças: uma com ênfase no meio ambiente, no meio externo, que envolve aspectos biológicos, químicos, políticos e socioculturais; e a outra voltada para o homem, o meio interno, no qual se desenvolvem as doenças.

Como consequência desses estudos, Levell e Clark ainda propuseram três níveis de medidas para a prevenção de doenças: primário (pré-patogênico), cujo enfoque pode ser individual e coletivo; secundário e terciário (patogênico), nos quais apenas o indivíduo será evidenciado – daí veio a consolidação do termo *prevenção* (Augusto, 2003).

Os fatos anteriores não significam que estudos mais ligados à epidemiologia, ou seja, à espacialidade das doenças e aos aspectos físicos da paisagem, fossem deixados de lado. Em primeiro lugar, ainda na década de 1930, o parasitologista russo Pavlovsky apresentou a hipótese do **foco natural da doença**, na qual evidenciou aspectos de interação entre o espaço geográfico e as doenças transmissíveis (para ele, um tipo de vetor estaria associado a determinado tipo de paisagem). Além disso, autores acreditam que o parasitologista proporcionou avanço na epidemiologia clássica, uma vez que trouxe novas abordagens para o conceito de espaço geográfico, as quais ultrapassariam a compreensão deste apenas como fenômeno natural (Valentim, 2010).

Posteriormente, outros estudos, apresentados pelo médico Jacques May (1950), ressaltam aspectos da epidemiologia geográfica. Por trabalhar em países menos desenvolvidos, May identificou a relação entre a exploração colonial e os registros de doenças que causam impactos às populações mais pobres. Contudo, em seus estudos, o processo histórico na consolidação dessas populações vulneráveis raramente era abordado (Mazetto, 2008).

> São inegáveis as contribuições de May aos estudos de geografia da saúde, pois ele relacionava, além das questões físicas da paisagem, as questões culturais, como o hábito alimentar, as tradições, os costumes e a religião, que podem definir perfis de hábitos que são prejudiciais à saúde (Mazetto, 2008).

May "classificava a Geografia Médica em duas classes de fatores essenciais: os fatores patológicos = agentes causadores, vetores e hospedeiros intermediários, reservatórios e o homem; os fatores geográficos = físicos, humanos ou sociais e biológicos" (Mazetto, 2008, p. 31).

São inegáveis as contribuições de May aos estudos de geografia da saúde, pois ele relacionava, além das questões físicas da paisagem, as questões culturais, como o hábito alimentar, as tradições, os costumes e a religião, que podem definir perfis de hábitos que são prejudiciais à saúde (Mazetto, 2008).

Uma importante contribuição para os estudos sobre a saúde no país e no mundo ocorreu com publicações do médico e geógrafo Josué de Castro. Em sua obra *Geografia da fome* (1946), o autor buscou desvendar assuntos ainda pouco discutidos, como a pobreza e a fome das populações mundiais e, muitas vezes, procurou discutir sobre temáticas conflituosas, como "reforma agrária, latifundismo agrário-feudal, interesse econômico de minorias dominantes e imperialismo econômico" (Mazetto, 2008, p. 29).

Em 1951, Castro apresentou outra obra, complementada e intitulada *Geopolítica da fome*, que se tornou marcante; porém, mesmo destacando os conflitos socioeconômicos e a consolidação de grandes epidemias, não se tornou uma obra que se destacou nos estudos de geografia da saúde, apresentando maiores resultados em ciências humanas (história, antropologia e sociologia, por exemplo) (Mazetto, 2008).

Todo esse cenário de ampliação dos estudos em geografia da saúde percorreu o mundo, delegando aos geógrafos importantes contribuições na saúde pública. Paralelamente a isso, nos Estados Unidos, na contramão dos avanços, ocorreu um declínio nos mapeamentos de doenças a partir do final da Segunda Guerra Mundial até os anos 1980, o que pode estar associado à falta de dados confiáveis naquele período, principalmente sobre a demografia (Koch, 2009). Afinal, segundo Krieger (2006, citado por Koch, 2009), os censos demográficos nos Estados Unidos têm apenas um século de existência.

Prosseguindo sobre os mapeamentos nos Estados Unidos, outro fato que merece destaque é a **espacialidade das doenças**, que eram mais evidenciadas nas áreas urbanas e tinham caráter racial. Por exemplo, na década de 1970, foi publicado o primeiro atlas sobre câncer do país, apenas em nível do condado e para cidadãos brancos. Posteriormente foi produzido outro atlas para cidadãos não brancos, porém, mais simples, desde os dados mapeados até a escala de análise (Koch, 2009).

Foi também na década de 1980 que o HIV e a Aids se apresentaram com maior risco, em virtude dos registros de contágio das populações, passando a ser retratados nas pesquisas de geógrafos médicos (Rosenberg, 1998).

Com as particularidades de cada população, os efeitos da Aids são sentidos e intensificados em determinados locais, ou seja, sua espacialidade é evidenciada de maneira desigual. Na África do Sul, por exemplo, as mulheres apresentam maior risco de contágio, pois têm *status* "inferior" e são subordinadas aos homens (King, 2010).

Os estudos dos geógrafos médicos sobre essa doença podem ser agrupados em três gerações. A primeira catalogou os registros por localidades, o que, por mais simples que possa parecer, serviu de base para os primeiros mapeamentos das doenças em várias localidades do mundo. A segunda geração buscou gerar modelos sobre a difusão da doença, porém, sem atentar para as fontes de infecções ou evidenciar as causas das epidemias em curso. Por fim, a terceira geração pode ser considerada a mais complexa, pois, além do mapeamento dos registros da doença, tem procurado

> vincular dados socioeconômicos ao trato da espacialidade dos fatos, atentando aos grupos de risco (Rosenberg, 1998).
>
> A compreensão dos casos de Aids no mundo perpassa também por aspectos culturais e uso de preservativos. No Brasil, existe um apelo sobre a questão em razão dos grandes índices de contágio dos últimos anos, o que demonstra que, além do acesso aos métodos contraceptivos, há a necessidade do trabalho de conscientização sobre a doença.

Prosseguindo, Sorre (1984) apresentou a **teoria do complexo patogênico**, na qual buscou identificar aspectos dos tipos climáticos e o surgimento de determinadas doenças, levando em consideração as atividades humanas divididas nos planos físico, biológico e social. "Reunindo conceitos de tempo e espaço, a teoria de Sorre propunha que não há constância em um complexo, sendo ele mutável de acordo com as modificações e o desenvolvimento da sociedade humana" (Mazetto, 2008, p. 27).

Depois da ecologia da saúde, Sorre aproximou os estudos geográficos da compreensão da espacialidade das doenças. O autor identificou a necessidade da relação espaço-tempo de ocupação humana, pois cada civilização apresentou diferentes alterações no espaço e no tempo, definindo aspectos socioambientais e políticos para cada localidade e que deixavam certas populações propensas a determinadas doenças, tornando possível, assim, gerar informações que serviram de base para a determinação das áreas mais vulneráveis às doenças (Guimarães, 2015).

Depois da obra de Sorre, as questões sociais passaram a ser evidenciadas nos estudos da geografia médica, colaborando com a mudança para a geografia da saúde nos países latinos (Mazetto, 2008).

Por fim, nesse mesmo período, começaram a surgir pesquisadores em geografia da saúde que passaram a explorar a perspectiva cultural, os lugares e as paisagens no processo de cura. Em 1991, Gesler publicou a obra *The Geography Cultural of Health Care*, em que apresentou o termo **paisagens terapêuticas**. Nela o autor afirmou que a geografia cultural e a da saúde poderiam analisar as paisagens por meio de sistemas simbólicos, para identificar os lugares de curas de determinadas populações (Rosenberg; Wilson, 2005).

Batistella (2007) também reforça o aspecto cultural no tratamento das doenças, alegando que ainda é possível identificar um forte enraizamento da visão mágico-religiosa na sociedade contemporânea. "De um lado, o uso disseminado de chás, o recurso às rezas, benzeduras, simpatias, oferendas e os ritos de purificação, presentes nas diversas crenças e religiões (católica, evangélica, espírita, candomblé entre outras), atestam a força de sua presença na cultura brasileira"; de outro, as dimensões social, biológica e psicológica associadas às tradições na vida humana (Batistella, 2007, p. 31).

Diante dos avanços das tecnologias e na disseminação de informações, muitos processos ainda estão em curso, possibilitando cada vez mais o uso de métodos preventivos e a cura para doenças que causam grandes impactos nas sociedades. Nesse sentido, nossa linha do tempo prosseguirá aberta, aguardando o desenrolar dos tratos da saúde no século XXI.

Síntese

Neste capítulo, apresentamos os aspectos das doenças nas civilizações clássicas. Com isso, identificamos diversos cenários em que as populações sofreram com as mazelas na relação entre meio ambiente e saúde, momentos importantes na contextualização do desenvolvimento dos métodos para diagnóstico e tratamento das doenças.

É indissociável a questão da disseminação das doenças com as particularidades locais, trazendo informações diferenciadas que deverão embasar os estudos de geografia da saúde. Por mais longínquo temporalmente que possa ser, os pesquisadores (das paleopatologias) conseguiram constatar fatos sobre as doenças da pré-história, demonstrando que muitas doenças atuais já estiveram presentes naquele período.

A partir da pré-história, os aspectos culturais e religiosos foram determinantes nas questões de saúde das populações, traçando perfis de tratamentos, mediante a organização das primeiras comunidades. Nada é mais geográfico do que entender esses processos e sua espacialidade para compreender como algumas práticas atuais são oriundas de tempos antigos.

Também destacamos o período compreendido como Idade Média, que trouxe diferentes abordagens para o trato da saúde-doença das populações, sobretudo quanto à influência da Igreja Católica, definindo a doença como resultante do pecado do homem. Nesse período, a Igreja tornou-se uma barreira para o desenvolvimento da ciência.

Apesar da forte influência da Igreja Católica na Idade Média ter-se enfraquecido no pós-Renascimento, ainda hoje é possível identificar a fé no tratamento das doenças como fator determinante na melhoria do paciente. Esse fato está mais enraizado em locais onde as tecnologias e informações não são totalmente disseminadas para as populações (Dummer, 2008; Santos, 2007), demonstrando a complexidade das ligações necessárias para entender a relação saúde-doença das populações.

Prosseguimos com os fatos históricos que retrataram os aspectos das doenças da Idade Moderna até os dias atuais, revelando como as sociedades foram se adaptando e criando mecanismos para combatê-las. Por fim, foi possível identificar que a cultura sempre esteve ligada aos tratamentos, que são fatores determinantes na caraterização da dinâmica de expansão das doenças.

Considerando os caminhos da geografia médica até a geografia da saúde, ressaltamos que aos geógrafos cabe um papel importante nas ciências da saúde, pois, além dos variados mapeamentos e da elaboração de atlas sobre as doenças, eles podem analisar aspectos histórico-culturais relacionados ao preconceito e à discriminação, das mais variadas formas e nos mais diversos grupos populacionais (como no caso do atlas de câncer nos Estados Unidos).

É importante salientar que a prevenção das doenças perpassa pelas ciências da saúde e pelos métodos contraceptivos, além de necessitar ser trabalhada na educação, pois remete às condutas que colocam grandes contingentes populacionais em situação de risco.

Indicação cultural

Filme

O NOME da rosa. Direção: Jean-Jacques Annaud. Alemanha, 1986. 130 min.

Trata-se de um filme de 1986 que foi dirigido por Jean-Jacques Annaud. A história conta eventos ocorridos em um mosteiro na Itália medieval e retrata aspectos da influência da Igreja Católica no modo de vida desse local, evidenciando a temporalidade descrita neste capítulo.

Atividades de autoavaliação

1. Sobre as doenças nas civilizações clássicas e na Idade Média, analise as afirmações a seguir.

    I. Segundo a paleopatologia, as doenças estiveram presentes nos seres humanos desde a Antiguidade e diferentes formas de curas eram criadas para tratá-las.

    II. O tratamento dos doentes baseava-se, em sua maioria, nos remédios caseiros e bastante simples, porém, curandeiros utilizam ervas comuns, o que tornou possível seu uso disseminado na sociedade.

    III. Problemas de saúde na Antiguidade se intensificaram quando surgiram as primeiras aglomerações populacionais, que ensejaram alterações no estilo de vida e nos ecossistemas, acarretando um aumento na transmissão de várias doenças.

    Agora, assinale a alternativa correta:
    a) Somente as afirmações I e II são verdadeiras.
    b) Somente as afirmações II e III são verdadeiras.
    c) Somente as afirmações I e III são verdadeiras.
    d) Somente a afirmação II é verdadeira.
    e) Todas as afirmações são verdadeiras.

2. Considerando as doenças e os tratamentos de saúde na Antiguidade, assinale a alternativa correta:
    a) Sob a influência das civilizações egípcias e de alguns povos do Oriente Médio, as reflexões sobre as causas das doenças passaram a ser realizadas com enfoque no lado espiritual e religioso.
    b) Hipócrates é considerado o pai da geografia médica e demonstrou que as gêneses das doenças estariam atreladas ao meio ambiente local, com relação aos tipos de clima, ao solo, à qualidade das águas e à alimentação.

c) Hipócrates desenvolveu uma teoria que entende a saúde como homeostase, isto é, como resultante do desequilíbrio entre o homem e seu meio.
d) As antigas civilizações e suas relações com as doenças, os tratamentos e as curas eram pautadas unicamente em aspectos espirituais, sem nenhuma evidência de tratamentos físicos para as doenças.

3. De acordo com a saúde pós-Renascimento, assinale V para verdadeiro e F para falso.
( ) O período pós-Idade Média caracterizou-se por ser um momento de transição, no qual o poder da Igreja foi ganhando espaço e a ciência perdeu fôlego na busca das explicações racionais sobre os fatos.
( ) Com relação à saúde, o modo de vida urbano e a transmissão das doenças proporcionaram o surgimento da medicina moderna.
( ) Com o avanço da modernidade, os estudos sobre a saúde foram aprofundados, doenças foram descritas com base na epidemiologia e na observação clínica, sendo possível a identificação de apenas um grupo estudando as doenças, os "contagionistas".
( ) A medicina social originou-se na Europa e pode ser evidenciada em duas etapas: medicina de Estado na França; e medicina de higiene nas cidades na Alemanha.

Agora, assinale a alternativa que corresponde à sequência correta:
a) V, F, V, F.
b) F, V, F, F.
c) V, F, F, F.
d) F, V, V, V.
e) V, F, V, V.

4. De acordo com as teorias sobre as doenças do século XIX aos dias atuais, assinale V para as afirmações verdadeiras e F para as falsas.

( ) A expansão colonial europeia teve influência na geografia médica, pois possibilitou o conhecimento sobre as doenças de outros lugares, impulsionando os estudos sobre as doenças infecciosas tropicais, por exemplo.

( ) Pasteur foi o cientista que apresentou a relação entre os germes e as doenças, sendo o responsável pela teoria da geração espontânea.

( ) Com o uso do microscópio, diferentes cientistas passaram a identificar a ação de microrganismos, dando início à era bacteriológica.

( ) Com a fase bacteriológica, surgiu o conceito de unicausalidade nas questões de saúde, acreditando-se que o combate às doenças deveria partir de variados agentes e fatores.

( ) Com a bacteriologia, surgiu o conceito de unicausalidade nas questões de saúde, acreditando-se que o combate às doenças deveria ocorrer a partir de apenas um agente ou fator.

Agora, assinale a alternativa que apresenta a sequência correta:
a) F, V, V, V, V.
b) V, F, F, F, F.
c) V, F, V, V, V.
d) F, V, V, V, V.
e) V, F, V, F, V.

5. Sobre a geografia médica, analise as afirmações a seguir.
   I. O ressurgimento da geografia médica surgiu com a tríade ecológica e passou a significar um sistema em equilíbrio, o qual dependia do agente, do hospedeiro e do ambiente;

se ocorresse o desequilíbrio nesse sistema, surgiriam as doenças.

II. Com base nos estudos da história natural das doenças, foi proposta a medida patogênica, cuja ênfase era voltada apenas para a prevenção de doenças.

III. Os estudos do parasitologista Pavlovsky proporcionaram o avanço na epidemiologia clássica, uma vez que trouxe novas abordagens para o conceito de espaço geográfico, as quais ultrapassariam a compreensão deste apenas como fenômeno natural.

Agora, assinale a alternativa correta:
a) Somente as afirmações I e II são verdadeiras.
b) Somente as afirmações II e III são verdadeiras.
c) Somente as afirmações I e III são verdadeiras.
d) Somente a afirmação II é verdadeira.
e) Todas as afirmações são verdadeiras.

Atividades de aprendizagem

Questões para reflexão

1. Por que a Idade Média passou a ser considerada o momento de retrocesso teórico-metodológico sobre a ciência e sua relação saúde-doença?

2. Os estudos sobre o HIV e a Aids, realizados por geógrafos médicos, podem ser agrupados em quantas e em quais gerações?

Atividade aplicada: prática

1. Considerando a evolução histórica no trato das doenças, pesquise uma doença que era considerada resultante do pecado e explique qual tratamento ocorria na Idade Média.

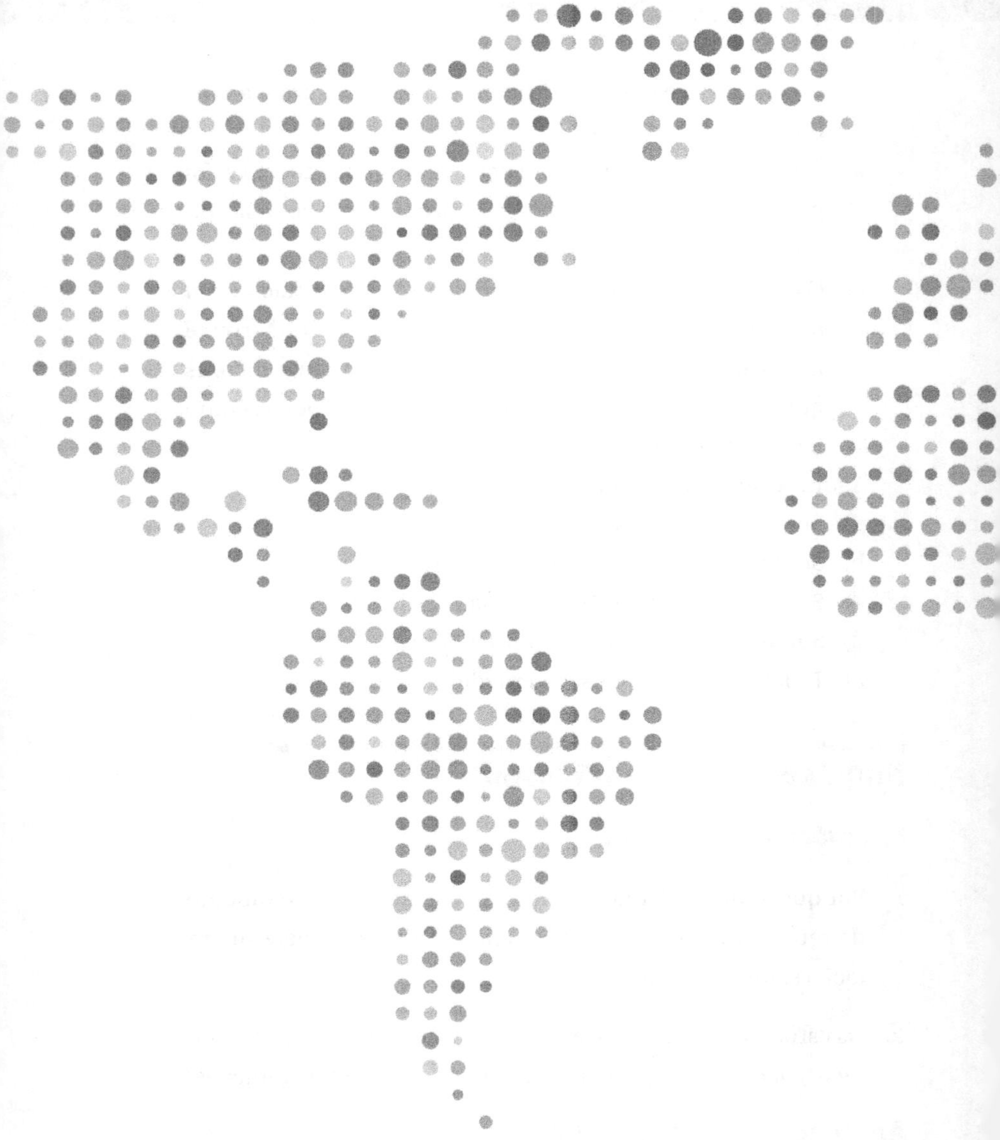

3
A interdisciplinaridade da geografia da saúde

Nos primeiros capítulos desta obra, apresentamos fatos históricos sobre a relação saúde-doença, conforme o desenvolvimento das sociedades. Verificamos também que houve a evolução nas ciências da saúde mediante a quebra de paradigmas – médicos e geógrafos passaram a atuar no mapeamento das doenças.

Apesar dessas constatações, é importante destacar que a geografia da saúde depende das ciências correlatas, como a saúde coletiva, a epidemiologia e outras ramificações da própria geografia.

Pensando nisso, passaremos a retratar parte das relações que se originaram com a industrialização e a urbanização, desencadeando cenários de mais contágios e disseminação de doenças e, assim, fortalecendo a necessidade de estudos para a prevenção de riscos associados ao modo de vida e à proliferação das doenças.

3.1 Geografia da saúde: uma ciência multidisciplinar

As doenças e as relações entre aspectos ligados a ela, como sintomas, modos de contágio, contextos ambiental e urbano (socioeconômico), representam a complexidade dos fatos que os geógrafos da saúde procuram analisar, demandando constante abordagem inter e multidisciplinar. Esse fato se tornou mais claro com a **abordagem multicausal** das doenças, reforçada no último século e discutida no capítulo anterior.

Primeiramente, o contexto ambiental é fator determinante de algumas doenças, a exemplo dos diferentes tipos climáticos, que estão diretamente associados a determinadas doenças, como as do trato respiratório. O **clima** pode influenciar tanto direta quanto indiretamente as populações, sendo maléfico ou benéfico a depender do contexto de vulnerabilidade das populações e de como afeta o modo de vida destas. As particularidades do clima, como os extremos térmicos e higrométricos, são fatores de influência no organismo humano e na ação de algumas doenças, intensificando alguns processos e facilitando a transmissão de doenças contagiosas (Ayoade, 2002).

Mesmo com tal constatação, Mendonça e Paula (2008) chamam a atenção para o fato de que os estudos climáticos no Brasil negligenciam os aspectos de saúde das populações, e são, assim, insuficientes para atender às demandas sociais. Além disso, os autores frisam que as doenças reincidentes ou recorrentes podem estar associadas diretamente ao contexto climático, fortalecendo a necessidade de exames aprofundados dos aspectos climáticos das localidades para caracterizar os cenários de vulnerabilidade e sua relação com as doenças.

Um aspecto relevante é que algumas doenças apresentam a característica de ocorrência sazonal em razão da variabilidade climática, como o caso da difteria e da ictericia, que "na Suíça ocorrem principalmente no inverno, enquanto o sarampo, gripe e catapora são mais comuns na primavera. Enfermidades respiratórias e do coração têm o máximo no fim do inverno e início da primavera, na Inglaterra e Austrália" (Pitton; Domingos, 2004, p. 78).

Outros fatores naturais também são condicionantes na saúde das populações, como o **solo**, o **relevo** e a **hidrografia**. Lacaz (1972, citado por Lemos; Lima, 2002) ressalta que as ações antrópicas na sociedade construída (relação com habitação) e os fatores de ordem cultural (modo de vida) são determinantes na manutenção de várias doenças.

Nesse contexto, segundo Susser (1994, citado por Curtis; Jones, 1998), as análises das doenças demandam variáveis geográficas, que dependem da origem e do contexto socioambiental das populações. Elas podem ser classificadas de forma **individual** – as quais consideram os efeitos dos atributos eletivos de determinadas populações, como a etnia – ou em **grupos minoritários** *versus* **grupos maioritários** de um mesmo local. Nesse caso, podemos relacionar a questão da vulnerabilidade a determinadas doenças ao poder aquisitivo, que Susser (1994, citado por Curtis; Jones, 1998) liga à privação individual, gerada pelas diferenças de renda, por exemplo. O perfil socioeconômico das populações ainda demanda a interpretação dos aspectos ambientais, mediante estudos ecológicos sobre a variação da saúde e sua relação com os agregados populacionais e, nesse sentido, o trabalho com as escalas geográficas, da casa para o bairro, a cidade ou as regiões (Susser, 1994, citado por Curtis; Jones, 1998).

> Cada vez mais os pesquisadores têm utilizado as tecnologias em mapeamentos, modelagens e análises pelos sistemas de informação geográfica (SIGs) na busca de informações espaciais sobre as doenças.

Cada vez mais os pesquisadores têm utilizado as tecnologias em mapeamentos, modelagens e análises pelos sistemas de informação geográfica na busca de informações espaciais sobre as doenças.

Existe a crescente preocupação na atualidade sobre as alterações climáticas e seu impacto na reprodução de doenças, o que representa uma mudança para os estudos sobre saúde ambiental e ecologia política. No entanto, é observável que as questões socioeconômicas, como as trabalhistas e de capital (incluindo questões de direito, *status* e treinamento), mostram-se insignificantes nas investigações sobre a saúde das populações (Faria; Bortolozzi, 2009).

> Essa preocupação em entender o fenômeno biológico como processo social, espacial e temporalmente determinado orientou diversos pesquisadores como Silva (1985a; 1985b; 1997), Barreto e Carmo (1994), Barreto (2000), Sabroza e Leal (1992), Sabroza e Kawa (2002), Barcellos e Bastos (1995; 1996), Barcellos e Pereira (2006), Barcellos (2000), Monken e Barcellos (2005), Najar e Marques (1998), Ferreira (1991), Costa e Teixeira (1999), Rojas (1998), Rojas e Barcellos (2003), Czeresnia e Ribeiro (2000), Guimarães (2001; 2005) e muitos outros que buscaram na geografia, especialmente em Milton Santos, uma forma de entender o comportamento espacial do processo saúde-doença. (Faria; Bortolozzi, 2009, p. 34)

Apesar de Milton Santos não ter se dedicado aos estudos sobre a saúde e doenças das populações, sua contribuição foi importante para a compreensão das doenças nas coletividades, principalmente pela relação espaço-saúde no contexto do desenvolvimento técnico-científico-informacional (Faria; Bortolozzi, 2009).

A partir dos conceitos de espaço e território, os pesquisadores passaram a entender as doenças como resultante de aspectos sociais complexos, não apenas como análise unicausal, sendo possível a comunicação da geografia da saúde para além das ciências da saúde, como com as áreas da economia e da política (Faria; Bortolozzi, 2009).

Para demonstrar como o entendimento das doenças demanda uma análise multicausal, buscou-se o exemplo da disseminação da dengue no Brasil e sua relação com a proliferação do mosquito *Aedes aegypti*.

Figura 3.1 - Esquema de funcionamento do sistema da dengue

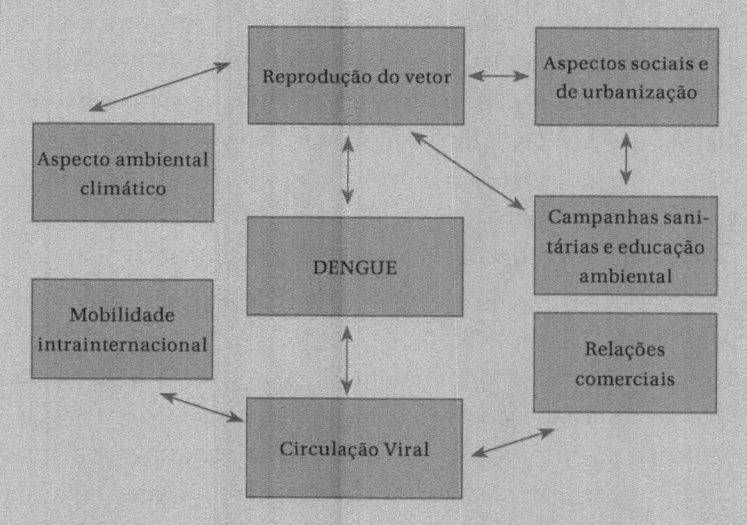

```
                    Reprodução do vetor  ←→  Aspectos sociais e
                           ↕                   de urbanização
                           ↕                          ↕
Aspecto ambiental          ↕                          ↕
   climático               ↕                  Campanhas sani-
                           ↕                  tárias e educação
                        DENGUE                    ambiental
  Mobilidade               ↕
intrainternacional         ↕                    Relações
                           ↕                   comerciais
                    Circulação Viral
```

Fonte: Mendonça, 2009.

Com base na Figura 3.1, podemos visualizar dois eixos distintos no sistema de transmissão da dengue. Primeiramente, com relação à **reprodução do vetor**, há o aspecto **ambiental climático**: as pesquisas sobre a dengue no Brasil têm demonstrado que o mosquito *Aedes aegypti*, principal vetor da doença no país, tem sua proliferação facilitada quando as temperaturas se encontram entre os 20 °C e 30 °C. Os limites inferiores e superiores dessas temperaturas se mostram limitantes na reprodução e na atuação do mosquito, que tem preferido as temperaturas amenas para picar as pessoas, atuando mais pelas manhãs e finais de tarde (Paula, 2005; Mendonça; Paula, 2008; Aquino Junior, 2010; Fogaça, 2015).

Os aspectos **sociais e de urbanização** remetem à consolidação dos criadouros do mosquito, que necessitam de recipientes com água parada (limpa e não limpa) para a deposição dos ovos e desenvolvimento das larvas. A incidência da doença está diretamente relacionada com os aspectos socioeconômicos, pois tem atingido mais as pessoas de baixa renda, que moram em regiões com problemas estruturais, como falta de saneamento básico e de coleta de lixo regular, os quais as deixam mais vulneráveis.

Também há as **campanhas sanitárias e de educação ambiental**, que deverão se intensificar para diminuir a incidência da doença e conscientizar a população sobre os cuidados ambientais e sobretudo com o lixo urbano (Fogaça, 2015). No entanto, vale destacar que é o Poder Público que deve assegurar melhorias nas condições de vida e no saneamento básico, o que remete ao aspecto político da doença.

Outro processo que se relaciona diretamente com as doenças consiste na **circulação viral**. O hospedeiro comum dos vírus é o homem e, assim, há a necessidade da circulação dos seres humanos para ocorrer a infecção da fêmea do mosquito. Para tanto, é necessário levar em consideração a mobilidade e as relações comerciais atuais que dinamizaram as relações entre as fronteiras e tornaram possível a circulação das doenças, colaborando com o cenário de transmissão, que vai além da dengue, como o ebola e a gripe H1N1, que, recentemente, trouxeram muitos problemas aos países (Fogaça, 2015).

Com base nesses fatos, demonstramos uma parcela das relações multidisciplinares da geografia da saúde e seu papel no trato das doenças.

3.1.1 Desafios e possibilidades entre geografia e saúde

A Geografia da Saúde ainda não faz parte do currículo básico dos cursos de geografia e, na maioria das vezes, é tratada como disciplina optativa. Esse fato é resultado do caráter tradicionalista dos profissionais responsáveis pelas ementas e disciplinas dos cursos de graduação do país, fator decisivo também no que diz respeito ao espaço acadêmico para maiores discussões. Ainda existem etapas no caminho de consolidação da geografia da saúde como ciência geográfica necessária na formação acadêmica, mas já foram iniciadas pelos geógrafos mais interessados em discutir a geografia como um todo, e não de forma fragmentada. Esse é um dos grandes desafios aos geógrafos da saúde no Brasil.

As pesquisas em geografia da saúde demandam dados sobre os registros das doenças, fato que tem se tornado um desafio para os geógrafos. Primeiramente, toda pesquisa que envolve seres humanos deverá ser registrada na **Plataforma Brasil**, *site* que destina os projetos cadastrados para comitês de éticas locais e que deverão autorizar ou não a pesquisa. É uma etapa burocrática importante, pois, apesar de os dados sobre as doenças serem públicos, deve haver algum controle sobre essas informações. No entanto, os vários comitês de ética (de diferentes setores e localidades do país) não aceitam pareceres de outros comitês, ou seja, ao solicitar um dado de várias cidades, o pesquisador deverá submeter o projeto diversas vezes na Plataforma Brasil e destiná-lo a diferentes comitês, o que torna o trabalho oneroso e completamente burocrático. Se os dados necessários forem de escala nacional, as dificuldades no acesso às informações são substancialmente dificultadas.

Outro fator relevante consiste na impossibilidade de acesso à localização por endereçamento dos registros de determinadas doenças, como é o caso da Aids, por comprometer o direito ao sigilo dos portadores da doença.

De posse dos dados sobre os agravos, os geógrafos se deparam com outra dificuldade, de caráter processual, no tratamento das informações e de sua espacialidade, que se refere às escalas espaciais dos diferentes órgãos e instituições que mapeiam os locais. Por exemplo, os dados disponibilizados pelo Instituto Brasileiro de Geografia e Estatística (IBGE) são classificados por setor censitário; já as informações locais que advêm da gestão municipal são, em sua maioria, classificadas por bairros. Por fim, ainda há informações sobre as doenças mapeadas pelas secretarias de Saúde e que, em sua maior parte, trabalham com outra escala de divisão municipal, por estratos, que dividem as cidades por áreas homogêneas, levando em consideração o porte das habitações (Fogaça, 2015). Esse é um grande desafio para o geógrafo ao espacializar as informações sobre as doenças e correlacioná-las com outros índices urbanos, como densidade demográfica, saneamento básico etc.

Passando a refletir sobre os ramos da geografia e os assuntos sobre a saúde, existe a crítica sobre a configuração das relações socioeconômicas e ambientais no mundo globalizado. Segundo Connell e Walton-Roberts (2016), o fato de o mundo estar imerso em relações e interações faz com que a saúde também se torne uma questão global, tendo em vista a distribuição das doenças, por exemplo, o que denota a necessidade de maiores investimentos e atenção nas questões de mão de obra, principalmente na qualificação dos profissionais de saúde. Nesse sentido, os geógrafos da saúde têm negligenciado as relações de trabalho e os recursos humanos centrais nos serviços de saúde, ou seja, por mais que alguns geógrafos da saúde se mostrem preocupados com mudanças na disciplina para novos domínios, a geografia do trabalho ainda está raramente envolvida nas discussões (Connell; Walton-Roberts, 2016).

Para prosseguir, passaremos a tratar de três assuntos que são desafios e, ao mesmo tempo, oportunidades de estudos para os geógrafos da saúde: a violência, a migração e as paisagens terapêuticas.

A **violência** se apresenta como um aspecto multidisciplinar, pois, segundo Minayo (2006), não é uma, mas, sim, múltipla, envolvendo aspectos sociais, conflitos de autoridade, lutas por poder e posse e tem suas manifestações aprovadas ou desaprovadas, lícitas ou ilícitas, conforme as leis e os costumes das sociedades vigentes. Apesar de ser um assunto que se refere ao bem-estar das pessoas, os geógrafos da saúde não têm estudado sobre esses fatos (Deverteuil, 2015).

Em pesquisa sobre artigos publicados por geógrafos da saúde, veiculada na revista internacional *Public, Environmental and Occupational Health* (Saúde Pública, Ambiental e Ocupacional, em português) – considerada referência na área –, foram encontrados apenas 5 textos com a palavra-chave *violência*. As publicações dos geógrafos médicos na revista *Ciências Sociais e Medicina* (considerado o mais importante periódico da geografia médica) evidenciaram que dos 100 artigos mais relevantes sobre o tema violência, apenas 14% se relacionavam com tipos de violências políticas e de guerras e 71% com violência doméstica (Deverteuil, 2015).

É importante ressaltar que a violência não é uma questão de saúde pública ou problema médico típico, porém Minayo (2006, p. 45) alega que ela afeta a saúde em vários aspectos:

1) provoca morte, lesões e traumas físicos e um sem-número de agravos mentais, emocionais e espirituais; 2) diminui a qualidade de vida das pessoas e das coletividades; 3) exige uma readequação da organização tradicional dos serviços de saúde; 4) coloca novos problemas para o atendimento médico preventivo ou curativo e 5) evidencia a necessidade de uma atuação muito mais específica, interdisciplinar, multiprofissional, intersetorial e engajada do setor, visando às necessidades dos cidadãos.

Complementando, é importante evidenciar que a violência não deve ser tratada como inerente ao ser humano, mas como ocasionada em diferentes épocas e culturas, em diversos locais e, também, com várias intensidades, sendo, assim, importante para os estudos geográficos, configurando-se como um vasto campo que merece atenção dos geógrafos da saúde (Deverteuil, 2015).

A segunda possibilidade de trabalho para os geógrafos da saúde é o contexto da **migração**, que também pode ser considerado um desafio, tendo em vista a rapidez da circulação global e o volume de pessoas que migram constantemente. A mobilidade populacional e, sobretudo, a globalização da saúde, são temas pouco abordados pelos geógrafos da saúde. Contudo, nos últimos anos, uma série de doenças estabeleceu relação com a migração, como a Aids e as doenças causadas pelos vírus do ebola, da zika e da dengue, em razão da dinâmica de proliferação. Sem dúvida, a migração é um tema que merece atenção e deverá ser mais evidenciada pelos geógrafos da saúde.

Ainda sobre o HIV, a Aids tem causado inúmeros problemas de ordem global, muito por conta de sua transmissão, principalmente pelo ato sexual, e do não uso dos métodos contraceptivos. No Brasil, o Ministério da Saúde vem demonstrando a preocupação com o aumento do número de doentes, o que traz à tona uma problemática de ordem cultural. Sobre isso, King (2010, p. 34) assevera que

> o HIV não pode ser tratado apenas como uma doença transmissível, mas é necessário levar em consideração o modo de vida e os aspectos culturais das populações que se colocam em situações de risco mesmo com as informações sobre a necessidade do uso de métodos contraceptivos de barreira.

Esse tema configura-se como uma possibilidade de avanço nos estudos dos geógrafos da saúde.

Por fim, há as discussões mais recentes sobre as **paisagens terapêuticas**, que, segundo Kearns e Gesler (1998, citados por Foley, 2014), consistem nos lugares que podem proporcionar a cura física, mental e espiritual e estão relacionados ao bem-estar das populações. Diante de um quadro de globalização e vida intensa, sobretudo nas grandes cidades, tem crescido o público que procura locais como festivais, espaços religiosos, retiros e centros de ioga como mecanismo para o alcançar o equilíbrio corporal e mental.

3.2 Relacionando saberes: geografia da saúde, saúde coletiva e epidemiologia social

Além das disciplinas da ciência geográfica apresentadas anteriormente, o geógrafo da saúde também necessita da contribuição de outras experiências e da contextualização de outras disciplinas que se relacionam com as questões de saúde e os cuidados em cada localidade. Para abordar esse aspecto, mostraremos no que consiste a saúde coletiva, enfatizando o papel da epidemiologia no trato da saúde-doença das populações.

A **saúde coletiva** é uma ciência nova e suas origens datam dos anos 1950, mas foi nos anos 1970 que se difundiu no Brasil, com a criação da Associação Brasileira de Pós-Graduação em Saúde Coletiva (Abrasco). Entre suas atribuições estão disciplinas de natureza interdisciplinar, como a epidemiologia, as ciências sociais em saúde e o planejamento e a administração de saúde (Osmo; Schraiber, 2015).

A *saúde coletiva*, como o próprio nome indica, é a ciência que se preocupa com os processos de saúde-doença nas coletividades e tem duas funções principais:

> A primeira, para o entendimento de que "a produção de conhecimento e de tecnologias sobre a saúde e a doença e seus determinantes em termos das populações" deve ser compreendida "com base na sua natureza complexa, pois integra as dimensões ecológica, biológica, social, psíquica, as quais são

interdependentes e interdefiníveis", que não podem, por isso, ser desmembradas, e "articulam as vivências e as experiências coletivas do acontecimento" (a doença). E a segunda, para compreender que "a intervenção concreta na coletividade, no indivíduo ou em qualquer elemento do contexto" (complexo de determinantes e condicionantes dos processos de saúde-doença) "tem por base um dado fenômeno em particular". (Augusto, 2003, p. 183)

Dessa forma, a saúde coletiva é a ciência que busca identificar o aspecto **individual** (doença em si) e o aspecto **coletivo** (processo de saúde-doença), trazendo um novo enfoque para a compreensão dos processos da saúde-doença em permanente transformação na sociedade atual (Augusto, 2003).

Depois de sua consolidação como disciplina, a saúde coletiva passou a adentrar nos estudos transdisciplinares, porém, mais direcionada para as questões políticas (ciências sociais) do que para os aspectos clínicos (medicina). Além disso, ela compartilha os saberes com as ciências naturais (zootecnia e biologia) e sociais (demografia, sociologia e geografia) (González Castañeda, 2013). Porém, não significa que, nos estudos transdisciplinares, entre geografia e saúde coletiva, não exista a relação com as ciências médicas. Ao pensar na geração de políticas públicas de saúde e em sua relação com o meio ambiente e os determinantes sociais, elas estão buscando um mesmo ideal: o bem-estar das comunidades (González Castañeda, 2013).

Outra área de estudo que se relaciona com as nossas discussões é a da **saúde ambiental**, na qual estão envolvidos os elementos socioambientais (meio biofísico, organização social, cultura, economia etc.) e que se tornam demasiadamente complexos quando procuramos conhecer determinadas situações que ocorrem na realidade das localidades em sua totalidade. Como a ciência apresenta caráter de modelo cartesiano-positivista, com a compartimentação desta, entender a globalidade da realidade também se tornou um desafio. No entanto, quando a saúde ambiental é inserida nos estudos da saúde coletiva, possibilita-se a inclusão de dados qualitativos, das relações psicossociais e ambientais, maximizando as análises das realidades locais (Augusto, 2003).

Passando para a metodologia de trabalho em saúde coletiva, devemos destacar os **determinantes sociais de saúde** (DSS). Segundo Buss e Pellegrini Filho (2007, p. 78), a Comissão Nacional sobre os Determinantes Sociais da Saúde (CNDSS) afirma que "os DSS são os fatores sociais, econômicos, culturais, étnicos/raciais, psicológicos e comportamentais que influenciam a ocorrência de problemas de saúde e seus fatores de risco na população". Com os DSS, surgiram modelos metodológicos, assim como o proposto por Dahlgren e Whitehead (1998, citados por Buss; Pellegrini Filho, 2007), que os separam por níveis de hierarquia, atribuindo pesos diferenciados para as variáveis, a fim de identificar quais afetam direta ou indiretamente as pessoas ou as localidades analisadas.

> Dessa forma, a saúde coletiva é a ciência que busca identificar o aspecto **individual** (doença em si) e o aspecto **coletivo** (processo de saúde-doença), trazendo um novo enfoque para a compreensão dos processos da saúde-doença em permanente transformação na sociedade atual (Augusto, 2003).

É notório o desafio dessas investigações, pois elas buscam representar a complexa relação dos aspectos socioambientais na promoção de saúde. Esse processo demanda analisar quais aspectos influenciam com maior intensidade, de acordo com variáveis de naturezas social, econômica, política ou ambiental (habitação, por exemplo). Desse modo, a determinação dos fatores não é baseada na simples relação de causa-efeito (Buss; Pellegrini Filho, 2007).

Prosseguindo, há ainda a **epidemiologia**, que faz parte do arcabouço teórico e metodológico da saúde coletiva. Segundo Guimarães, Pickenhayn e Lima (2014), a epidemiologia surgiu no século XIX, com forte influência de bases positivistas, e foi caracterizada, naquele período, por se basear na teoria dos miasmas para explicar as epidemias sob a influência dos ambientes insalubres de determinados locais. O método de trabalho se baseava em estatísticas e na avaliação dos fatores envolvidos no processo de saúde e doença, mas de maneira dissociada, ou seja, cada variável era analisada individualmente (Guimarães; Pickenhayn; Lima, 2014).

Entre suas atribuições, a epidemiologia gera informações que podem subsidiar os serviços de saúde por meio do diagnóstico de doenças e morbidades, bem como identificando os perfis socioeconômicos, com ênfase para a saúde do trabalhador. Dessa forma, ela contribui para a saúde-doença nas coletividades (Backes et al., 2009).

Fazendo uma relação com os estudos geográficos, segundo MacMahon e Pugh (1978, citados por Czeresnia; Ribeiro, 2000), o conceito de **lugar** aparece nos estudos epidemiológicos tradicionais, pois compreende a distribuição geográfica das doenças. Além de contribuir para a formulação de hipóteses etiológicas e processos administrativos, é um dos elementos essenciais para a compreensão das epidemias e dos ambientes na relação saúde-doença.

As categorias **espaço** e **território** também foram fortalecidas nos estudos sobre a saúde pública após os anos 1970, tendo em vista, principalmente, as mudanças ocorridas nas sociedades. A partir de então, observou-se a redução de doenças infecciosas, o surgimento de novas doenças, como a Aids, e o aumento de doenças crônico-degenerativas, o que ocasionou dificuldades – a chamada *crise na ciência epidemiológica* (Faria; Bortolozzi, 2009). Com os novos desafios e a necessidade de incorporação das variáveis sociais para o entendimento das doenças, surgiu a denominada *epidemiologia social crítica*. Nesse viés, a geografia crítica passou a ser incorporada nas discussões de saúde coletiva (Faria; Bortolozzi, 2009).

Entre as preocupações da epidemiologia social estão os "contextos de desigualdades na saúde, fortalecidos pelas diferenças socioeconômicas, mas levando em consideração outros aspectos, como a discriminação e segregação; porém, em relação a metodologia de trabalho e as abordagens conceituais, continuam de base epidemiológica" (Cutchin, 2007, p. 727, tradução nossa). Esse fato também é ressaltado por Backes et al. (2009), ao destacarem que a epidemiologia social necessita avançar e criar novas bases conceituais que possam gerar informações mais detalhadas e menos centradas na epidemiologia positivista. Os autores reforçam que os estudos atuais, principalmente os ligados aos cenários de riscos, são alvo de fortes críticas, pois cada localidade apresenta diferenças significativas e a lógica mecanicista e linear atual não consegue, por exemplo, relacionar os hábitos individuais e coletivos que possam colocar populações em mais ou em menos riscos.

Porém, é possível identificar esforços dos epidemiologistas sociais, inclusive de base geográfica, para a inclusão dos conceitos de espaço e lugar na identificação dos cenários e, também, para a utilização dos sistemas de informação geográfica (SIGs) como ferramenta para os tratamentos desses dados (Cutchin, 2007).

> A geografia da saúde e a saúde coletiva vêm se tornando um forte eixo para as discussões sobre saúde-doença e gestão territorial, possibilitando a compreensão dos cenários de risco e auxiliando na tomada de decisão.

Essas relações complexas que demandam áreas multidisciplinares são intensificadas nas áreas urbanas, onde as desigualdades socioambientais são mais expressivas e remetem à gestão territorial.

Na geografia, esses cenários são variados e apresentam diferentes territorialidades e, ainda, devem ser aprofundados nos estudos sobre saúde-doença das populações (Faria; Bortolozzi, 2009). Corroborando essas discussões, tem-se o conceito de **bairros**, na epidemiologia social, trazendo indiretamente o contexto geográfico como forte aliado nessas discussões e fortalecendo os estudos em geografia da saúde (Cutchin, 2007).

Outro aspecto de relevância consiste nos estudos de **geografia cultural**, que, aliados aos estudos epidemiológicos, podem contribuir na superação da epidemiologia tradicional, possibilitando a compreensão dos aspectos de saúde das populações por meio da cultura e, consequentemente, de posturas comportamentais. Os geógrafos da saúde já têm se preocupado com essas relações, gerando resultados sobre a problemática (Cutchin, 2007; González Castañeda, 2013).

A geografia da saúde e a saúde coletiva vêm se tornando um forte eixo para as discussões sobre saúde-doença e gestão territorial, possibilitando a compreensão dos cenários de risco e auxiliando na tomada de decisão.

3.3 Desigualdades sociais e as doenças: o lugar e a reprodução das doenças psicossociais

Os estudos de geógrafos da saúde também têm buscado relacionar as questões sociais com os problemas decorrentes da urbanização e a consequente proliferação de doenças. Nesta seção, abordaremos alguns fatos relacionados ao tema, com destaque para o aspecto socioeconômico e as populações mais vulneráveis, bem como as doenças do trato psicológico.

Como dito anteriormente, para tratar das desigualdades sociais, é necessário refletir sobre as grandes mudanças na estrutura das sociedades no mundo. Segundo Guimarães (2015), é nas cidades oriundas de um processo rápido de urbanização que se encontram graves problemas estruturais e desigualdades socioambientais, pois, com o advento da industrialização, a população mundial passou a se concentrar nesses centros. Esse fato foi o responsável pela consolidação das moradias subnormais, caracterizadas pelas áreas sem infraestrutura de base e saneamento básico e com alta densidade demográfica, como as favelas (Guimarães, 2015).

Segundo Perehouskei e Benaduce (2007, p. 36), houve um aumento de casos de doenças na década de 1980 "ligados às grandes aglomerações urbanas, como a malária; cólera; dengue; leishmaniose, cujo ciclo de transmissão evoluiu do ambiente florestal para o ambiente periurbano e também peridomiciliar".

Corroborando esse cenário, os estudos baseados na **ecologia política** no século XX já apresentavam a preocupação com o aspecto ambiental e as desigualdades sociais, sobretudo nas cidades. Além disso, mantinham relação direta com os conflitos ambientais (degradação) e os sistemas políticos e econômicos, definindo, de forma racional, quais seriam os ambientes degradados, reforçando o caráter das relações de poder e as desigualdades geradas pelo sistema de produção capitalista (King, 2010). Um exemplo disso pode ser observado na pesquisa de Turshen (1984, citado por King, 2010), na qual ele reflete sobre a transmissão de doenças na Tanzânia e encontra relação entre as colônias e os padrões espaciais condicionados pela questão econômica e a transmissão de doenças, reforçando a relação entre poder econômico e proteção para determinados agravos.

Segundo Smyth (2008), as principais pesquisas sobre ecologia política e saúde vêm dos Estados Unidos, apresentando resultados que identificaram as desigualdades socioeconômicas como determinantes na saúde das populações, variando conforme cada localidade. Em estudo de Barnett e Piers Blaikie (1992, citado por Smyth, 2008), os autores analisaram a Aids na África, ultrapassando o contexto clínico da doença e refletindo sobre as estruturas socioeconômicas que atuam nas localidades e condicionam a transmissão de doenças infecciosas. A compreensão da transmissão da Aids também remete a posturas e condutas sociais, pois, atualmente, a doença já conta com mecanismos contraceptivos, porém ainda é de alta transmissão nas populações, inclusive no Brasil.

> Assim, os efeitos que as desigualdades socioeconômicas ocasionam na saúde devem ser considerados pelos profissionais de saúde e por pesquisadores de áreas afins, para identificar outros atores que se relacionam com as doenças.

Seguindo nesse contexto, Milton Santos (1982, citado por Guimarães, 2015), assim como já mencionado, foi importante para os estudos de saúde ao discutir a **globalização desigual**, apresentando o contexto do mundo pós-guerra que configurou a desigualdade nas condições de vida entre os países do centro e da periferia mundial. Essas desigualdades são mais expressivas quando pensamos na pobreza de determinadas populações, que estão mais vulneráveis a doenças. Com base nas discussões apresentadas por Milton Santos, os epidemiologistas também passaram a relacionar o espaço geográfico e as questões sociais, na superação do modelo tradicional da ciência (Guimarães, 2015).

Assim, os efeitos que as desigualdades socioeconômicas ocasionam na saúde devem ser considerados pelos profissionais de saúde e por pesquisadores de áreas afins, para identificar outros atores que se relacionam com as doenças. Pensando nisso, Wagstaff e Van Doorslaer (2000, citados por Smyth, 2008) ressaltam que a **hierarquia social** também deve ser considerada nesses estudos, pois remete, além de ao nível de renda, aos fatores de condutas e ao acesso às informações. Outros autores que apresentam resultados na mesma linha de raciocínio são Subramanian e Kawachi (2004, citados por Smyth, 2008), os quais afirmam que, além da renda, os fatores de ordem política e de capital humano devem ser ponderados ao analisar as desigualdades nos bens sociais e culturais.

A relação entre a pobreza e as doenças já fora amplamente discutida ao longo do século XIX. Guimarães (2015) ressalta que, nesse período, chegaram a relacionar as doenças nos pobres como uma predisposição biológica herdada ou como reflexo da urbanização e da industrialização na segregação socioeconômica. Para outros, à pobreza estariam relacionados também o modo de vida e os comportamentos insalubres, delegando, muitas vezes, o problema para as mulheres, em virtude da relação com a nutrição e os hábitos alimentares. A pobreza, então, é um fato determinante nas relações saúde-doença.

Outro aspecto geográfico que merece atenção se refere às **migrações**, uma vez que a saúde é determinante também nesse processo. Autores indicam que pessoas doentes têm mais dificuldades em migrar, mas podem fazê-lo em busca de tratamentos. No entanto, ainda são necessários mais estudos para entendermos em que medida a migração de doentes é condicionada pela falta de serviços públicos, por exemplo. Os trabalhos que buscam analisar o perfil de migração dos doentes ainda se valem de métodos tradicionais (mapeamentos), mas, ao verificar as condições dos lugares, há um redirecionamento para o meio ambiente e a coletividade, focando a discussão em condicionantes socioambientais e apresentando indicativos da responsabilização dos governos, com destaque para a saúde pública (Smyth, 2008).

O cenário de impactos na saúde das populações na América Latina, e a relação desses impactos com as questões sociais, é bastante expressivo ao serem considerados os diferentes atores envolvidos nos fatos. De um lado, é possível identificar programas de assistência pública, com medicamentos de baixo custo para variadas doenças que assolam as localidades mais pobres, como a esquistossomose e a leptospirose. De outro, porém, estão as condições ambientais, que remetem à estrutura política, à gestão dos territórios e ao controle das moléstias, que afetam muitas pessoas, entre elas os indígenas, os migrantes e os moradores de áreas rurais (Guimarães, 2015). Portanto, "o processo de exclusão social se torna o reflexo mais evidente de como a sociedade atual produz a desigualdade, transforma o cidadão em desnecessário e passa a valorizar apenas dinheiro e o consumidor" (Guimarães, 2015, p. 70).

Esses aspectos podem ser superados pelo planejamento urbano com ênfase nas questões sociais. Assim, a geografia tem a importante missão de discutir os processos de segregação socioambiental, minimizando os impactos da urbanização descontrolada – como o uso e a ocupação de áreas irregulares – a fim de criar ambientes mais equilibrados e proporcionar às populações a infraestrutura adequada para cada localidade e, assim, tornar as ações de saúde públicas mais eficazes.

Smyth (2008) alega que, nas ciências sociais e na geografia, foi produzido um grande volume de textos que destacam aspectos da saúde das populações e definem, em sua maioria, o lugar como ponto de partida para compreender a disseminação de determinadas doenças. Esse fato é possível em razão dos avanços na informática e nas modelagens, para elaboração dos cenários de vulnerabilidade, e deve ser considerado um avanço, tendo em vista que a doença passou do contexto da pessoa, ou vítima, para o contexto socioambiental. No entanto, ainda é necessário prosseguir na definição das causas e das desigualdades na saúde. O autor ainda salienta que existem poucos trabalhos sobre a eficácia das políticas públicas e a minimização das desigualdades na saúde que influenciam grandes contingentes populacionais (Smyth, 2008).

Além das doenças físicas, existem as do trato psicológico, que se relacionam diretamente com o meio ambiente, o lugar de vivência e a qualidade de vida e remetem às falhas estruturais das sociedades.

> O estabelecimento de teorias nas quais os conflitos psicológicos poderiam interferir nos problemas de saúde ou até mesmo acentuá-los ocorreu a partir dos anos 1940, como resultado das pesquisas de Franz Alexander. O autor foi pioneiro na identificação de males físicos como resultado de processos psicológicos inconscientes, tendo como base, por exemplo, as artrites associadas aos indivíduos que têm dificuldades de expressar os sentimentos (Straub, 2005). Alexander foi o responsável pelo desenvolvimento da **medicina psicossomática**, que, por definição, destina-se ao tratamento de doenças físicas causadas por processos mentais. Além disso, "esse novo campo floresceu e, logo, o periódico *Psychosomatic Medicine* publicou explicações psicanalíticas para uma variedade de problemas de saúde, incluindo hipertensão, enxaquecas, úlceras, hipertireoidismo e asma brônquica" (Straub, 2005, p. 9).

Destacando o aspecto das doenças mentais, é preciso lembrar que, na história da psiquiatria tradicional, os hospícios e manicômios acarretaram, além dos registros negativos, a discriminação das pessoas lá internadas. No entanto, alternativas foram criadas para tentar superar esse fato. Um exemplo atual disso está nos Centros de Atenção Psicossocial (CAPS), que devem atuar como parceria de outros serviços de saúde, e não como fator definitivo para o tratamento de determinadas doenças mentais (Silva; Pinho, 2015). Como cada lugar apresenta aspectos únicos, sua territorialidade, é necessário um olhar interdisciplinar para compreender como os ambientes podem favorecer as doenças mentais, cabendo também aos geógrafos da saúde a incorporação desses assuntos e das questões culturais atreladas à discriminação.

Silva e Pinho (2015) complementam que os serviços de saúde necessitam aprimorar suas práticas relativamente às doenças mentais, desvinculando o termo *loucura* por meio da formulação de políticas em prol da cidadania e da liberdade. Nesse sentido, os estudos geográficos, baseados nos conceitos de território e lugar, por exemplo, são importantes ao relacionar a presença das pessoas e as ações desencadeadas nos ambientes.

Outro aspecto do trato psicológico reside nos impactos causados pelos **desastres ambientais**. Diariamente as mídias apresentam reportagens sobre impactos que colocam muitas pessoas em situação de risco ou até mesmo de perda material, destruindo os lares e forçando-as a migrar. Por mais banal que seja esse fato, é importante refletirmos sobre o período pós-impacto e os serviços de saúde prestados à população afetada.

Londe et al. (2015) elaboraram um estudo sobre dois eventos climáticos que causaram inundação urbana em Santa Catarina, em 2008, e em Pernambuco, em 2010, trazendo

> Como cada lugar apresenta aspectos únicos, sua territorialidade, é necessário um olhar interdisciplinar para compreender como os ambientes podem favorecer as doenças mentais, cabendo também aos geógrafos da saúde a incorporação desses assuntos e das questões culturais atreladas à discriminação.

a discussão sobre a saúde dessas populações que passaram por algum tipo de trauma. A definição para esse quadro de trauma se enquadra nos transtornos do estresse pós-traumático (TEPT), que, ao ser relacionado com problemas de saúde, evidencia o sofrimento das pessoas como questão de saúde pública (Londe et al., 2015). No entanto, os pesquisadores Valencio et al. (2011, citados por Londe et al., 2015), ao investigarem o papel do Estado e dos serviços de saúde em localidades afetadas por desastres, concluíram que não existe a adequada assistência social para que as pessoas possam reconstruir suas vidas e recuperar o equilíbrio emocional. Além disso, a necessidade de convívio em abrigos temporários também reforça a insegurança física, social e emocional na qual essas populações permanecem no período pós-desastre.

Esses fatos demonstram como o tratamento das doenças deve levar em consideração a saúde mental e o lugar (relacionado ao apego), este assumindo papel relevante no processo de cura e fortalecendo a necessidade dos ambientes terapêuticos, que se relacionam com a afetividade.

Com base nesses fatos, buscamos apresentar apenas algumas variações dos estudos sobre saúde das populações, reforçando que o geógrafo da saúde está cada vez mais inserido nessas discussões.

Síntese

Neste capítulo, apresentamos aspectos multidisciplinares da geografia da saúde, mostrando como ela se relaciona com conhecimentos diferenciados na própria geografia. Além disso, examinamos alguns desafios impostos aos geógrafos da saúde.

A geografia já se apresenta como uma ciência inter e multidisciplinar na compreensão do espaço geográfico. Ao relacioná-la com a saúde das populações e as outras ciências da saúde, evidencia-se uma gama de atributos e possibilidades para a atuação dos geógrafos da saúde.

Nesse sentido, abordamos as relações multidisciplinares que ocorrem entre a geografia, a saúde coletiva e a epidemiologia social a fim de ressaltar as possibilidades de trabalho do geógrafo e a necessidade de estudos em outras áreas.

Para complementar, discutimos sobre as desigualdades sociais e como elas impactam diretamente na qualidade de vida e na proliferação de determinadas doenças, relacionando outros conhecimentos, oriundos das ciências políticas e sociais.

Paralelamente ao avanço das ciências sociais, da saúde coletiva e da epidemiologia, os geógrafos passaram a discutir aspectos das desigualdades que condicionam os modos de vida (Milton Santos é um personagem ímpar nesse cenário) e a interagir com maior influência nas ciências médicas. Nesse contexto, destacamos os desafios e as possibilidades para o trabalho dos geógrafos da saúde e sua efetivação nas sociedades.

Com base nessas discussões, é necessário frisar que a saúde das populações é um misto de fatos histórico-culturais e econômicos que foram herdados desde as civilizações antigas e não devem ser reduzidos para experiências individuais, pois sua totalidade se encontra na coletividade e no ambiente em que foram originados (Backes et al., 2009). Entretanto, "para as ciências médicas o olhar para o indivíduo é importante, pois a partir do modo de vida é possível analisar variáveis particulares, tais como hábitos alimentares, condicionamento físico, idade, sexo, raça, entre outras" (Backes et al., 2009). Além disso, a relação entre renda e escolaridade também é definidora de ambientes mais saudáveis, pois, à medida que o indivíduo adquire conhecimentos, pode alterar posturas e criar melhores condições de vida.

Indicação cultural

Livro

MINAYO, M. C. de S. **Violência e saúde**. Rio de Janeiro: Fiocruz, 2006. (Temas em Saúde).

Nessa obra, o leitor poderá aprofundar conhecimentos sobre os processos históricos que envolvem a violência no Brasil, além de encontrar informações sobre fatos relacionados à saúde pública e à necessidade de geração de políticas voltadas a minimizar esses conflitos.

Atividades de autoavaliação

1. Considerando a geografia da saúde como uma ciência multidisciplinar, assinale a alternativa **incorreta**:
   a) Algumas doenças são diretamente associadas a determinados tipos de clima; outras surgem em razão da variabilidade climática, pois apresentam característica de ocorrência sazonal.
   b) Os aspectos naturais apresentam muita influência sobre a saúde humana, ao passo que as atividades antrópicas não alteram nem determinam as condições de saúde de determinado local.
   c) Análises de doenças dependem de variáveis geográficas, e estas podem ser classificadas em nível individual, que considera os efeitos dos atributos de determinadas populações, e em grupos minoritários e maioritários de um mesmo local.
   d) Aplicando os conceitos de espaço e território, é possível compreender as doenças como resultantes de aspectos

sociais complexos. Dessa forma, é possível a comunicação da geografia da saúde para áreas além das ciências da saúde, como economia e política, por exemplo.

2. De acordo com os desafios e as possibilidades relacionados à geografia da saúde, assinale a alternativa **incorreta**:
   a) As pesquisas da geografia da saúde encontram percalços na burocracia necessária para obter dados sobre as doenças, envolvendo os comitês de ética de cada local. Ainda, há a dificuldade processual, considerando as escalas espaciais dos diferentes órgãos e instituições que mapeiam os locais.
   b) Considerando que, para compreender as doenças, adota-se uma análise multicausal, a transmissão da dengue está relacionada somente aos aspectos sociais e de urbanização.
   c) As informações sobre as doenças encontram-se em diferentes órgãos e instituições, que trabalham com diversas metodologias; assim, para o geógrafo, é um desafio correlacionar essas informações com outros índices urbanos, como densidade demográfica, saneamento básico etc., tendo em vista as diferentes escalas de abordagem.
   d) Existem estudos de geografia da saúde que precisam ser mais bem compreendidos pelos geógrafos da saúde e que são considerados tanto desafios quanto oportunidades, como a violência, a migração e as paisagens terapêuticas.

3. Com relação a desigualdades sociais e doenças, assinale V para verdadeiro e F para falso:
   ( ) As cidades oriundas de um processo rápido de urbanização apresentam graves problemas estruturais e desigualdades socioambientais, sendo resultado da industrialização.

( ) Considerando a fragilidade socioeconômica e ambiental de alguns lugares, pode-se afirmar que a pobreza não é um fator determinante nas relações saúde-doença.

( ) As doenças do trato psicológico não têm relação com o meio ambiente, o lugar de vivência e a qualidade de vida, portanto, não refletem as falhas estruturais das sociedades.

( ) As doenças do trato psicológico se relacionam diretamente com o meio ambiente, o lugar de vivência e a qualidade de vida, refletindo as falhas estruturais das sociedades.

( ) A contribuição da geografia, considerando o planejamento urbano e a saúde, consiste também em discutir os processos de segregação socioambientais, visando minimizar os impactos da urbanização descontrolada, como o uso e a ocupação de áreas irregulares.

Agora, assinale a alternativa que corresponde à sequência correta:

a) F, F, V, F, F.
b) F, F, V, V, F.
c) F, V, F, V, F.
d) V, F, F, V, V.
e) V, V, F, F, F.

4. Relacionando a geografia da saúde, a saúde coletiva e a epidemiologia social, assinale V para verdadeiro e F para falso:

( ) A saúde coletiva é a ciência que se preocupa com os processos de saúde-doença nas coletividades com duas principais funções: compreender esses processos de forma indissociável, interdependentes, e entender que as intervenções nos processos de coletividade são atreladas aos fenômenos de base particular.

( ) Considerando o trabalho em saúde coletiva, os determinantes sociais de saúde (DSS) consistem apenas em análise dos fatores sociais que influenciam a ocorrência de problemas de saúde e seus fatores de risco na população.

( ) Os determinantes sociais de saúde (DSS) "são os fatores sociais, econômicos, culturais, étnicos/raciais, psicológicos e comportamentais que influenciam a ocorrência de problemas de saúde e seus fatores de risco na população" (CNDSS, citada por Buss e Pellegrini Filho, 2007, p. 68).

( ) Epidemiologia é uma disciplina que faz parte do arcabouço teórico e metodológico em saúde coletiva e pode gerar informações que podem subsidiar os serviços de saúde por meio do diagnóstico de doenças e morbidades.

( ) A geografia da saúde e a saúde coletiva vêm se tornando um forte eixo para as discussões sobre saúde-doença e gestão territorial, possibilitando a compreensão dos cenários de risco e auxiliando na tomada de decisão.

Agora, assinale a alternativa que corresponde à sequência correta:
a) V, F, V, V, V.
b) F, F, F, F, F.
c) F, V, V, F, V.
d) F, F, V, F, V.
e) F, V, F, V, F.

5. Considerando a geografia da saúde em um contexto geral, assinale a alternativa correta:
a) O clima pode influenciar tanto direta quanto indiretamente as populações, tendo um papel maléfico no desequilíbrio da saúde humana.

b) Questões socioeconômicas se mostram ainda insignificantes nos cenários dos estudos sobre a saúde das populações.

c) Toda pesquisa em geografia da saúde demanda dados sobre os registros das doenças, mas nem toda pesquisa que envolve a saúde dos seres humanos deverá ser registrada na Plataforma Brasil.

d) A epidemiologia social e as diferenças socioeconômicas não têm relação com as desigualdades na saúde.

Atividades de aprendizagem

Questões para reflexão

1. Quais são os três assuntos que se caracterizam, ao mesmo tempo, como desafios e oportunidades de estudos para os geógrafos da saúde? Por que eles apresentam essa condição?

2. O que é saúde coletiva?

Atividade aplicada: prática

1. O clima pode influenciar tanto direta quanto indiretamente a saúde das populações, podendo ser maléfico ou benéfico, dependendo do contexto de vulnerabilidade das populações (Ayoade, 2002). Pesquise e aponte exemplos dessas influências climáticas na sociedade.

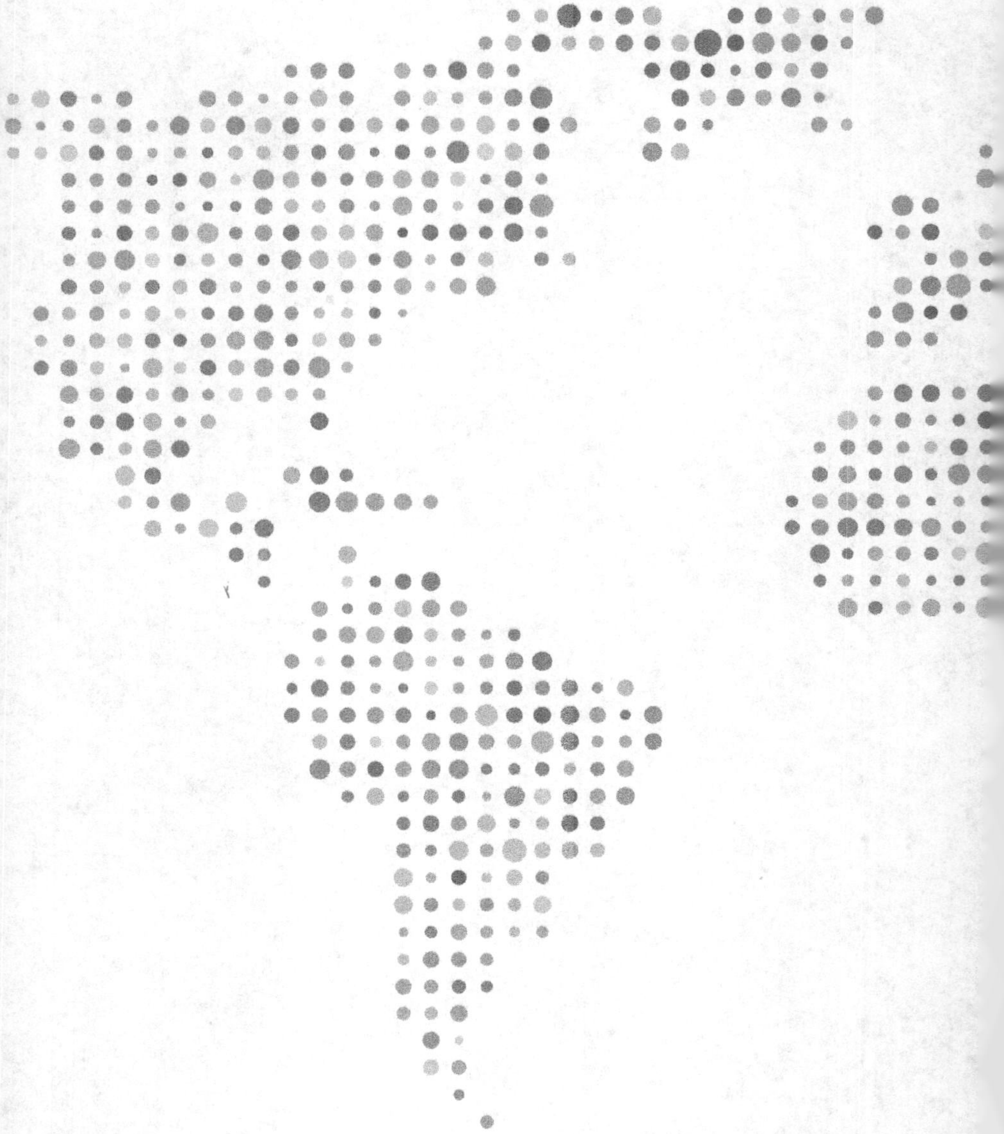

4
O registro das doenças e as políticas públicas de saúde

Uma vertente importante no contexto de saúde-doença das populações são as políticas públicas. O surgimento dos instrumentos legais para gerenciar as sociedades e planejar as ações de saúde é reflexo de graves epidemias e problemas dos últimos séculos, fortalecidos pela expansão comercial e pelo fluxo de pessoas e mercadorias.

Esses fatos são completamente geográficos e ilustram as relações de poder e o enfrentamento das doenças. Além disso, mantêm forte relação com os conceitos de território e lugar, como mencionado nos capítulos anteriores.

Assim, neste capítulo, buscaremos identificar os principais fatos ocorridos nos últimos dois séculos, tanto no mundo quanto no Brasil, relativamente à elaboração das políticas de saúde e ao enfrentamento das doenças, para, por fim, apresentar aspectos do Serviço Único de Saúde (SUS) brasileiro e como ele se relaciona com os estudos dos geógrafos da saúde.

4.1 Geografia, planejamento e políticas de saúde

Em 1902, foi criada a Organização Pan-Americana da Saúde (Opas), considerada por Lima (2002) o primeiro e mais antigo organismo de cooperação internacional com objetivo de atuar nas áreas de saúde.

> A Organização exerce um papel fundamental na melhoria de políticas e serviços públicos de saúde, por meio da transferência de tecnologia e da difusão do conhecimento acumulado por meio de experiências

produzidas nos Países-Membros, um trabalho de cooperação internacional promovido por técnicos e cientistas vinculados à OPAS/OMS, especializados em epidemiologia, saúde e ambiente, recursos humanos, comunicação, serviços, controle de zoonoses, medicamentos e promoção da saúde. (Opas/OMS, 2018)

Os países que atualmente fazem parte da Opas são: Argentina, Bolívia, Brasil, Chile, Colômbia, Equador, Paraguai, Peru, Venezuela e Uruguai (Opas/OMS, 2018).

São inúmeros os fatos que representam as ações de planejamento durante o desenvolvimento das sociedades, mas não seria possível abordar todos os momentos históricos. Desse modo, tomamos como marco o período do **sanitarismo** (1830-1875), que evidenciou a preocupação com o planejamento urbano e as questões de saúde pública (Rosen, 1994, citado por Guimarães, 2015). A partir desse período, viu-se crescer o interesse, tanto dos médicos quanto dos gestores, em investir no saneamento básico.

O enfoque principal desse movimento esteve na Europa e nos Estados Unidos, em virtude da precariedade da estrutura das cidades para abrigar os trabalhadores das indústrias, tornando necessárias a intervenção e a criação de estratégias higienistas. Esses fatos foram fortalecidos com a criação do Escritório Internacional de Higiene Pública (*Office International d'Hygiène Publique*) em 1907, em Roma, que resultou na criação da Organização de Saúde da Liga das Nações, em 1923 (Guimarães, 2015).

Logo após o término da Segunda Guerra Mundial, em 1946, foi criada a Organização Mundial da Saúde (OMS), atrelada à Organização das Nações Unidas (ONU), que passou a assumir papel central na hierarquia pelas questões de saúde e saneamento ambiental mundial (Guimarães, 2015). Paralelamente a isso, em países desenvolvidos da Europa, surgiram os chamados *Welfare State* (Estados de bem-estar social, em português), que se destinavam a combater o comunismo e a reerguer as economias abaladas pela guerra, mas priorizando a democracia e a justiça social. Entre as preocupações estavam a geração de emprego, os serviços públicos (saúde, saneamento, educação etc.) e a assistência social (Baptista, 2007).

Também desse período, destacamos o termo *vigilância*, que surgiu das ações de quarentena e isolamento dos doentes. Nos Estados Unidos, durante o período de Guerra Fria, a preocupação esteve atrelada às guerras químicas e biológicas, trazendo o conceito de vigilância para setores estratégicos e de inteligência. Atualmente, esse conceito também se relaciona com o bioterrorismo (Augusto, 2003).

No pós-guerra também ocorreu a emergência de novas nações africanas, que haviam se libertado do colonialismo e se posicionado nas questões de saúde mundial, o que, somado às mudanças no cenário político global, ocasionou mudanças na estrutura da OMS na década de 1960, que passou a identificar a necessidade do investimento em infraestrutura em áreas rurais (Viegas, 2014) – cenário que acabaria por atender demandas da África. Viegas (2014) ainda salienta que, no fim dessa década, ocorreu o desenvolvimento da chamada *Atenção Primária de Saúde* (APS) como resultado das discussões sobre os serviços básicos de saúde daquele período.

Outro aspecto que se refere à saúde mundial foi a criação do *slogan* "Saúde para todos no ano de 2000", apresentado pela OMS em 1977 e que gerou debates sobre o conceito de saúde-doença e os serviços de saúde. Além disso, os países passaram a organizar-se em encontros mundiais para discutir os determinantes em saúde e organizar metas para melhorar a qualidade de vida (Brasil,

2002). A I Conferência Mundial de Promoção da Saúde ocorreu em 1986, na cidade de Ottawa, Canadá, tornando-se a principal referência nesse campo; posteriormente, já no terceiro encontro (em 1991, na Suécia), o meio ambiente passou a ser incorporado nas dimensões socioeconômicas, políticas e culturais na busca por ambientes saudáveis (Brasil, 2002).

> O cenário de difusão de doenças infecciosas no decorrer do século XX proporcionou a formulação do conceito de **doenças emergentes e reemergentes** na década de 1990 (Waldman, 2001). Segundo Satcher (1995, citado por Waldman, 2001, p. 131), são as doenças "recentemente identificadas na população humana ou já existentes, mas que rapidamente aumentaram sua incidência e ampliaram sua distribuição geográfica". Outra definição foi apresentada pelo *Institute of Medicine* (Lederberg; Oaks, 1992, citados por Mayer, 2000), segundo a qual as doenças infecciosas emergentes são condições clinicamente distintas cuja incidência em humanos aumentou. A primeira definição pode ser utilizada para se referir a um número de doenças muito abrangente; a segunda, para qualquer epidemia (Mayer, 2000).
>
> Para definir melhor quais são as doenças emergentes e reemergentes, há duas classificações: "aquelas causadas por micro-organismos bem conhecidos que estavam sob controle, mas tornaram-se resistentes às drogas antimicrobianas comuns (por exemplo, malária, tuberculose) ou estão se expandindo rapidamente em incidência ou em área geográficas" (Rouquayrol, 1999, citada por Mendonça; Paula; Oliveira, 2006, p. 4); e, segundo Morse (1993, citado por Mayer, 2000), aquelas causadas por "vírus emergentes", por considerar que, com base neles, poderão ser relacionados os aspectos geográficos e os padrões de interação social na transmissão dos vírus, uma tendência para o mundo atual.

> Entre as doenças consideradas emergentes e reemergentes temos a dengue, a Aids, a febre causada pelo vírus do Nilo Ocidental, a esquistossomose, a doença de Chagas, a tuberculose causada por cepas resistentes a antibióticos e a malária, por exemplo (McElroy, 2004). Essas doenças já são alvos dos estudos de geógrafos médicos nos últimos anos.

A partir dos anos 1990, houve o fortalecimento da **ecologia política** (já discutida no Capítulo 3) nos estudos geográficos para subsidiar as ações de planejamento e tomada de decisão, visto as sociedades estarem cada vez mais utilizando os recursos naturais e criando ambientes insalubres (King, 2010).

A ecologia política permitiu análises de variáveis sociais e relações de poder para a compreensão da expansão de determinadas doenças – por exemplo, a epidemia de HIV e o maior contágio das mulheres, segundo Fassin e Schneider (2003, citados por King, 2010), são respostas de um sistema opressor, em que existem violência social e prostituição em virtude das redes de relações sociais e espaciais.

No fim do século XX, surgiu um campo das ciências da saúde também preocupado com as questões ambientais, a **saúde ambiental** (*Environmental Health*), tendo em vista os graves impactos ambientais e os riscos à saúde humana, o que trouxe à tona a importância do gerenciamento dos recursos naturais e a manutenção do ambiente (Augusto, 2003). Outro conceito contemporâneo é o de **biopoder**, que, na gestão do território, surgiu como a **biopolítica**, tornando-se um mecanismo para coordenar e controlar grupos

> Segundo Dummer (2008), as diferentes sociedades apresentam particularidades de estilo de vida, infraestrutura, meio ambiente e ocupação, fatores que precisam ser considerados no diagnóstico de cenários de risco para determinadas doenças.

de pessoas negligenciadas pelo Estado, como refugiados, asilados e pessoas carentes, reforçando aspectos da atuação de médicos e profissionais de saúde com ênfase na governança (Connell; Walton-Roberts, 2016).

Além dos profissionais de saúde, os geógrafos têm papel de destaque na tomada de decisão e no planejamento. Segundo Dummer (2008), as diferentes sociedades apresentam particularidades de estilo de vida, infraestrutura, meio ambiente e ocupação, fatores que precisam ser considerados no diagnóstico de cenários de risco para determinadas doenças. Nesse sentido, são variados os temas dos estudos geográficos que se relacionam com a saúde pública, como planejamento urbano, saneamento básico e inundações urbanas.

Para prosseguir a análise sobre as políticas públicas de saúde, vamos identificar os principais fatos que ocorreram no Brasil até a formulação do SUS e sua implicação no país.

4.2 As políticas de saúde no Brasil

As políticas de saúde no Brasil remetem aos tempos das colônias portuguesas e da vinda da família real para o Brasil, em 1808, pois havia o interesse na saúde da mão de obra em suas relações com a realeza. Naquele momento o país ficou ameaçado por várias doenças, como a malária e a febre amarela, que eram desconhecidas para os médicos europeus, tornando necessárias a intervenção e a geração de conhecimento sobre as doenças transmissíveis (Baptista, 2007). Vejamos alguns fatos importantes a partir desse período:

Quadro 4.1 – Políticas de saúde no Brasil – século XIX e início do século XX

Ano	Acontecimento	Desdobramentos
1808	Escola Médico-Cirúrgica	Primeira Faculdade de Medicina, instituída em Salvador, na Bahia. Entre seus objetivos estava a inserção no país da medicina nos moldes europeus e a construção de hospitais públicos.
1852	Hospital D. Pedro II	Primeiro hospital psiquiátrico do país, inaugurado no Rio de Janeiro para o tratamento de doentes mentais.
1897	Diretoria Geral de Saúde Pública (DGSP)	Criação da DGSP.
1900	Instituto Soroterápico Federal	Criação do Instituto Soroterápico Federal. Um ano depois, foi renomeado para Instituto Oswaldo Cruz (IOC).
1902	Rodrigo Alves (Presidência da República)	Criação de programas de obras públicas com vistas ao saneamento básico e à saúde das populações.
1903	Oswaldo Cruz	Assumiu a diretoria geral da saúde e iniciou a reforma na saúde.
1904	Código Sanitário e vacinação	Oswaldo Cruz propôs um Código Sanitário para combater ambientes insalubres, instituiu a notificação de doenças, como a varíola e a febre amarela, e tornou a vacinação obrigatória.

(continua)

(Quadro 4.1 - conclusão)

Ano	Acontecimento	Desdobramentos
1910-1920	Segunda fase do movimento sanitarista	Saneamento rural e combate a três endemias rurais (ancilostomíase, malária e mal de Chagas). Com a investida dos médicos sanitaristas no território, foi identificada a situação crítica e a consequente necessidade de intervenção do Estado na saúde pública.
1920	Diretoria Nacional de Saúde Pública (DNSP)	Verticalização das ações do governo central – nem todos os cidadãos possuíam recursos para custear tratamentos de saúde.
1930	Industrialização	O Estado incentivou a industrialização por meio de projetos nas áreas de siderurgia e transportes, geração de energia e absorção de mão de obra oriunda do campo para alavancar a economia nacional.
1941	Primeira Conferência Nacional de Saúde – Defesa sanitária, assistência social, proteção da maternidade, infância e adolescência	Primeiro grande encontro para a elaboração das ações referentes à saúde dos brasileiros. A partir deste, ocorreram subsequentes em 1950, 1963, 1967, 1975, 1977, 1980, 1986, 1992 (o último como o 9º encontro).
1953	Ministério da Saúde	Fundação do Ministério da Saúde.
1988	Constituição Federal (CF) de 1988	"A saúde é direito de todos e dever do Estado [...]" (Brasil, 1988, art. 196)
1990	Serviço Único de Saúde (SUS)	Regulamentação do SUS.

Fonte: Elaborado com base em Brasil, 2011; Baptista, 2007; Polignano, 2001.

A criação dos ministérios, o início da industrialização do país e o papel dos médicos sanitaristas marcaram o início do século XX e foram responsáveis pelas primeiras intervenções das políticas de saúde.

Entre **1903 e 1904**, dois fatos merecem destaque. O primeiro foi a nomeação de Oswaldo Cruz como diretor do Departamento Federal de Saúde Pública, momento em que eclodia forte epidemia de febre amarela no Rio de Janeiro. Para combater a doença, Oswaldo instituiu um grupo (1500 pessoas) para combater o mosquito vetor, mas foi criticado pela atuação arbitrária e pela falta de informações para as populações (Polignano, 2001). O segundo fato, também como resultado das intervenções de Oswaldo Cruz, foi a obrigatoriedade da vacinação antivaríola para todos os brasileiros – Lei n. 1.261, de 31 de outubro de 1904 (Brasil, 1904). A insatisfação dos brasileiros com a intervenção de Oswaldo Cruz deu origem à chamada ***Revolta da Vacina***, porém, mesmo com os problemas ocasionados, a campanha obteve êxito no controle de epidemias, erradicando, por exemplo, a febre amarela no Rio de Janeiro (Polignano, 2001; Baptista, 2007).

Em 1918, ocorreu uma forte epidemia de gripe espanhola no país, o que gerou debates acerca da necessidade de mudanças na saúde pública (esse fato foi intensificado por atingir elites). Assim, a partir da **década de 1920**, o governo federal passou a agir fortemente sobre a sociedade por meio das campanhas em prol da saúde (Pessoto; Ribeiro; Guimarães, 2015).

Sempre que pensamos sobre mudanças nas políticas, é necessário observar a organização da sociedade no período analisado. Sobre isso, é importante ressaltar que, no início do século passado, o café era a base da economia nacional, mas, com as influências do comércio exterior, a industrialização passou a ser enfoque no país, dando origem, por exemplo, ao eixo Rio-São

Paulo (Polignano, 2001). Com a nova reestruturação trabalhista no país, foram necessárias outras intervenções governamentais. Um exemplo desse período foi a **Lei Eloy Chaves**, de 24 de janeiro de 1923, que marcou o início da previdência social no país. Por meio dessa lei, criaram-se as caixas de aposentadoria e pensão (CAPs), originalmente destinadas aos operários urbanos e como organização dos trabalhadores – as CAPs foram importantes para as questões de saúde, pois geraram discussões posteriores sobre a saúde dos trabalhadores (Polignano, 2001).

O segundo marco consiste no **governo Vargas** (início em **1930**), que, nas questões de saúde, foi marcado pela centralização das políticas (ditadura presidencial) e pelo investimento na área de higiene pública (Pessoto; Ribeiro; Guimarães, 2015).

> Uma série de medidas centralizadoras dos "revolucionários" atingiu o serviço sanitário entre os anos de 1930 e 1931: foram reduzidas as atividades dos centros de saúde, que se transformaram em dispensários subordinados à Inspetoria de Higiene e Assistência à Infância, anulando-se as ações preventivas em favor da medicina curativa. (Pessoto; Ribeiro; Guimarães, 2015, p. 18)

No mesmo ano, foi criado o Ministério de Educação e Saúde e, em 1937, o Departamento Nacional de Saúde e Assistência Médico-Social (Sarreta, 2009).

Até a **década de 1950**, as ações de vigilância estavam concentradas em observar as doenças nas comunidades, mas, a partir de 1960, essas ações se tornaram um programa, o de Vigilância Sanitária, que passou a intervir e fiscalizar aspectos dos setores produtivos e dos serviços de saúde (Augusto, 2003).

Aqui, é preciso relembrar que, no pós-Segunda Guerra Mundial, os países desenvolvidos da Europa adotaram uma política de bem-estar social, porém, no Brasil dos anos 1950, isso não ocorreu. No entanto, já havia a preocupação com a pobreza e as doenças, pois percebeu-se a necessidade de intervenção na qualidade de vida e na saúde para, assim, obter desenvolvimento (Baptista, 2007).

Além disso, no período entre **1945 e 1964**, o país sofreu forte influência das políticas norte-americanas e adotou o modelo de saúde baseado no atendimento hospitalar (grandes hospitais), deixando em segundo plano a rede de atenção básica. Nesse momento, o Ministério da Saúde teve seus recursos financeiros diminuídos, o que ocasionou perdas nas ações de saúde pública e, na outra esfera, da saúde privada, viu-se o fortalecimento da assistência médica individual, colaborando para um cenário desigual de acesso aos serviços de saúde (Sarreta, 2009; Dantas; Aranha, 2009). "A saúde foi considerada como fator econômico junto a outras políticas, correlacionada ao controle social subordinador e ao bom andamento da economia" (Sarreta, 2009, p. 138).

A partir do **golpe militar de 1964**, novas organizações do Estado alteraram as dinâmicas em torno dos serviços de saúde. Primeiramente, é necessário contextualizar a criação do Instituto Nacional de Previdência Social (INPS) em 1966, que passou a concentrar todas as ações previdenciárias do país. Como a política do INPS foi a de inclusão de novas categorias ao sistema previdenciário nacional (entre elas as empregadas domésticas, os autônomos e os trabalhadores rurais), o que demandou, em contrapartida, investimentos nos setores de saúde, porém estes estiveram atrelados ao INPS e somente os trabalhadores contribuintes teriam direito aos serviços (Baptista, 2007; Sarreta, 2009).

Na **década de 1970**, houve três eventos que envolveram setores de saúde. O primeiro foi a criação da Superintendência de Campanhas da Saúde Pública (Sucam), para o combate a doenças endêmicas. O segundo foi a instituição do Sistema Nacional de Saúde (1975), que estabeleceu os critérios para os serviços de saúde tanto na esfera pública quando no âmbito privado (Polignano, 2001). O terceiro trata-se do Sistema Nacional de Vigilância Epidemiológica (SNVE) – instituído pela Lei n. 6.259/1975 e pelo Decreto n. 78.231/1976 –, que elaborou as diretrizes de ações para fiscalização sanitária de medicamentos, alimentos, portos, aeroportos etc. (Augusto, 2003).

É necessário contextualizar o momento histórico que o país viveu na década de 1970. Estava estabelecida uma crise política, econômica e institucional oriunda do governo militar que tornava necessária a criação de planos de ação. Assim, estabeleceu-se o II Plano Nacional de Desenvolvimento (II PND), que passou a visualizar as questões sociais, sendo considerado um avanço na política de Estado (Baptista, 2007). Também houve a política de abertura do governo, que tornou possível a expansão dos movimentos sociais – no caso da saúde, o movimento sanitário, com respaldo de instituições de nível superior, apresentou resultados de pesquisas sobre a saúde e as condições sociais das populações (Baptista, 2007).

A **década de 1980** foi um momento de grandes mudanças no cenário brasileiro, principalmente em razão da Constituição Federal (CF) de 1988 (Brasil, 1988). Na área da saúde, ocorreu a Reforma Sanitária e as discussões sobre a centralidade das políticas na mão da União, o que originou as primeiras discussões acerca da necessidade de descentralização das políticas de saúde, que veio a se tornar um dos princípios do SUS (Dantas; Aranha, 2009). Em 1985, ocorreram o movimento "Diretas Já" e a eleição de Tancredo Neves, possibilitando variados movimentos sociais após o fim do regime militar (Polignano, 2001). Em 1986, ocorreu a VIII Conferência Nacional de Saúde, considerada o marco para a consolidação do SUS e da Reforma Sanitária, viabilizando a participação de técnicos e da comunidade na criação das políticas públicas (Baptista, 2007; Sarreta, 2009).

A legalização do SUS ocorreu com a CF de 1988, definindo as leis e as portarias do Ministério da Saúde na regulamentação dos setores, inclusive os privados (Scliar, 2007). Nesse contexto, o art. 196 da CF de 1988 apresentou o seguinte conceito de *saúde*

> A saúde é direito de todos e dever do Estado, garantido mediante políticas sociais e econômicas que visem à redução do risco de doença e de outros agravos e ao acesso universal e igualitário às ações e serviços para a promoção, proteção e recuperação. (Brasil, 1988, art. 196)

Segundo Matta (2007, p. 61-62), a base legal que fundamenta o SUS é definida por três documentos:

> 1 A Constituição Federal de 1988, na qual a saúde é um dos setores que estruturam a seguridade social, ao lado da previdência e da assistência social; 2 A lei 8.080, de 19 de setembro de 1990, também conhecida como a Lei Orgânica da Saúde e que dispõe principalmente sobre a organização e regulação das ações e serviços de saúde em todo território nacional; 3 A lei 8.142, de 28 de dezembro de 1990, que estabelece o formato da participação popular no SUS e dispõe sobre as transferências intergovernamentais de recursos financeiros na área da saúde.

O funcionamento do SUS está centrado em quatro princípios. O primeiro é o da **universalização do acesso** às ações e aos serviços de saúde. Segundo Baptista (2007), nesse princípio é característico o acesso aos serviços de saúde, no qual todos os cidadãos brasileiros serão vistos com igualdade e terão direito à assistência pública. Esses serviços poderão ser ofertados pela rede pública de saúde ou por setores privados conveniados. Com esse princípio, surgiu a noção de equidade, amplamente discutida pelos autores que estudam o funcionamento e o histórico das políticas públicas de saúde do Brasil, porém, as diferenças regionais do território tornam essa noção mais complexa; "mas ao confrontar-se com o que chamamos de conceito ampliado de saúde, o espaço da igualdade, do exercício da liberdade, não seria suficiente para fazer frente às diferenças entre as diversas regiões, os diversos grupos populacionais, entre outros" (Matta, 2007, p. 69).

O segundo princípio é o da **integralidade da atenção**, que "diz respeito à garantia do acesso a um conjunto articulado e contínuo de ações e serviços preventivos e curativos, individuais e coletivos, exigidos para cada caso em todos os níveis de complexidade do sistema" (Baptista, 2007, p. 52). Além disso, o sistema deverá garantir o atendimento à população conforme suas demandas, sendo necessário, para tanto, a articulação dos governos, em suas diferentes escalas, para o pleno funcionamento das políticas de saúde (Baptista, 2007).

Mattos (2001) afirma que a integralidade no campo da saúde apresenta diferentes sentidos. Um deles consiste na história das políticas de saúde do país, pois tivemos diferentes abordagens, como a dualidade entre a gestão de prevenção e a assistência médica do último século. Outro sentido refere-se ao conceito de saúde e ao contexto de prática integral. Outro ainda diz respeito ao planejamento em saúde, pois o princípio de integralidade condiciona a organização e o planejamento para atender às possíveis demandas. Por fim, há o sentido referente às relações "entre trabalho, educação e saúde, na formação e gestão do trabalho em saúde" (Matta, 2007, p. 71). Baptista (2007) complementa que, com a integralidade dos serviços, o Estado passou a se responsabilizar pela garantia de qualquer tratamento de saúde, desde a simples vacinação até os tratamentos mais complexos, como o transplante de órgãos.

O terceiro princípio é o da **descentralização**, com direção única do sistema. Esse princípio trouxe grandes alterações nas estruturas das políticas de saúde, pois buscou a democratização das decisões e não mais a centralidade no governo federal (Baptista, 2007). Na prática, esse princípio é o que possibilitou maior autonomia para as localidades, visto que cada região apresenta características próprias e demandam serviços diferenciados.

Para atender a tais necessidades, impôs-se um novo formato de organização das políticas. Segundo Baptista (2007) e Matta (2007), nas diretrizes do SUS, foram apresentados os pressupostos de regionalização e hierarquização dos serviços para atender aos diferentes níveis do sistema. Assim, ocorreram, basicamente, a divisão e a distribuição das responsabilidades e dos recursos da esfera federal para as esferas estaduais e municipais. A descentralização é também sinônimo de desconcentração do poder da União (Matta, 2007). Nesse sentido, em "cada esfera de governo há uma direção do SUS: na União, o ministério da saúde; nos estados e distrito federal, as secretarias estaduais de saúde ou órgão equivalente; e nos municípios, as secretarias municipais de saúde" (Matta, 2007, p. 73).

É importante contextualizar que, em razão das particularidades do território nacional, a real efetivação da descentralização das ações se torna complexa, visto que não existe a garantia de total autonomia para os municípios (Dantas; Aranha, 2009). Outro fato consiste no uso de verbas para determinadas ações – por exemplo, o combate às doenças transmissíveis, como a dengue. Em um cenário de epidemia e reincidência de casos, os prefeitos podem solicitar verbas diretamente à União, sem a necessidade de intervenção estadual, porém, em muitos casos, nem sempre o dinheiro destinado é utilizado para sanar o problema, tornando a doença referida um mecanismo de barganha política (Fogaça, 2015).

O quarto e último princípio é o da **participação popular** – resultado dos avanços na perspectiva social como garantia constitucional para a participação das populações, por meio de entidades representativas, na formulação das políticas (Baptista, 2007). O marco histórico que deu início ao processo de participação popular data dos anos 1970, início da Reforma Sanitária brasileira, no qual os movimentos sociais já reivindicavam um novo sistema de saúde em que a população pudesse ser ouvida. Vale ressaltar que também se questionavam as desigualdades sociais e a opressão do sistema capitalista (Matta, 2007).

A possibilidade de participação popular ocorreu por meio da CF de 1988 e da Lei n. 8.142, de 28 de dezembro de 1990, que regulamentou o SUS (Brasil, 1990b), nas quais foram viabilizadas a criação de conselhos de saúde e a realização das conferências de saúde a cada quatro anos (Baptista, 2007). Para Matta (2007), a participação social confunde-se com um princípio ao lado da universalidade, da integralidade e da descentralização, porém, para nossas discussões, optou-se pela sua importância, sem fazer a distinção entre eles.

A Lei Orgânica de Saúde – Lei n. 8.080, de 19 de setembro de 1990 (Brasil, 1990a) – apresentou os próximos dois conceitos que abordaremos: a **vigilância epidemiológica** e a **vigilância sanitária**. A *vigilância epidemiológica* refere-se às ações de proteção e prevenção às doenças, por meio da detecção dos determinantes e condicionantes de saúde. A *vigilância sanitária* refere-se às ações para evitar ou diminuir impactos à saúde decorrentes de problemas sanitários e controlar as demandas da produção de bens e serviços. É necessário também evidenciar que ambas são complementares e devem atuar em parceria (Augusto, 2003).

Já no século XXI, o Ministério da Saúde apresentou um terceiro conceito: a **vigilância ambiental**, que, no contexto da saúde, tem a função de formular ações para a manutenção do meio ambiente via prevenção e detecção de qualquer agravo que possa afetar a saúde das populações (Augusto, 2003). A questão ambiental, que até pouco tempo atrás era encarada como algo externo ao homem, passou a ser evidenciada nas políticas de saúde, fazendo parte do escopo de ações previstas no SUS, ou seja, "para que os riscos ambientais sejam tratados como um problema para a Saúde, isto é, passível de solução ou controle, o ambiente deve ser internalizado à política, ao diagnóstico, ao planejamento e às ações de saúde" (Augusto, 2003, p. 180).

Por fim, o último destaque será para o **Pacto pela Saúde**, que foi assinado em **2006** e passou para o gestor municipal a plenitude das ações sobre os serviços de saúde. Além disso, "estados e municípios passaram a receber os recursos federais por meio de seis blocos de financiamento: Atenção Básica; Atenção de Média e Alta Complexidade; Vigilância em Saúde; Assistência Farmacêutica; Gestão do SUS e Investimento" (Teston, 2016, p. 109). O pacto representou também a sequência de ações de descentralização dos serviços de saúde comentados anteriormente.

É importante ter em mente que uma série de portarias são constantemente editadas para instituir ou aperfeiçoar as ações, não sendo nosso foco apenas os registros das leis, mas também o impacto que elas causaram na sociedade. Para Dantas e Aranha

(2009), mesmo com as dificuldades evidenciadas nos serviços públicos, é possível identificar que, nos últimos anos, houve investimentos em saúde. Contudo, a efetivação dos princípios do SUS ainda não foi concretizada, pois demanda vários fatores de ordens política, econômica e local.

De interesse dos geógrafos, as políticas públicas são condicionantes na organização das sociedades, e os preceitos do SUS devem ser analisados sob a ótica do espaço geográfico para que se possa compreender a materialidade que representam para os brasileiros (Dantas; Aranha, 2009).

Guimarães (2015, p. 87), ao analisar o conceito de região atrelado à política nacional de saúde, afirma que "o que vem a ser e o que pode vir a ser a regionalização da saúde é algo em aberto e em disputa por diversos atores políticos". O autor complementa que é possível identificar duas abordagens distintas do conceito de região ao analisar o Plano Nacional de Saúde atual. A primeira compreende a região como a escala espacial do território, ou seja, uma unidade de planejamento; a segunda se relaciona com o aspecto histórico, "resultado das múltiplas determinações da vida social, o que conforma a ideia de uma realidade em produção, que se organiza no caminhar da própria prática política" (Guimarães, 2015, p. 87).

> De interesse dos geógrafos, as políticas públicas são condicionantes na organização das sociedades, e os preceitos do SUS devem ser analisados sob a ótica do espaço geográfico para que se possa compreender a materialidade que representam para os brasileiros (Dantas; Aranha, 2009).

As políticas públicas de saúde, sobretudo após a instituição do SUS, têm alterado as dinâmicas das sociedades em tempo, escala e intensidade diferenciadas, não sendo possível analisá-las como um todo no país (Guimarães, 2015). No entanto, os geógrafos têm se dedicado à análise dessas políticas públicas considerando os aspectos locais e as desigualdades geográficas. A geografia da saúde é uma ciência que possibilita avançar nos debates das políticas públicas em saúde, pensando na melhor assistência e na qualidade de vida para os brasileiros.

Se, por um lado, as políticas de saúde apresentam-se falhas, por outro, ainda temos as questões referentes à globalização e às facilidades de transporte de pessoas e mercadorias, como as fronteiras internacionais e o livre-comércio, o turismo, entre outras, que tornam ainda mais complexa a relação saúde-doença e gestão. Um exemplo disso foi abordado por Aquino Junior (2010) ao estudar as epidemias de dengue na tríplice fronteira entre Brasil/Paraguai/Argentina, mapeando os casos de dengue em Foz do Iguaçu, Ciudad del Este e Puerto Iguazu. Nesse estudo, o pesquisador identificou a necessidade da gestão compartilhada e da criação de políticas públicas específicas para as faixas de fronteira para coibir a entrada de novos vírus.

Com as discussões apresentadas, identificamos como as questões das políticas públicas de saúde estão diretamente relacionadas à geografia, devido à existência de diferentes abordagens e assuntos geográficos para compreender tais políticas em seu espaço. Além disso, vale ressaltar que o estudo das políticas públicas de saúde no Brasil é insuficiente para ilustrar as diferenças no país e, sendo assim, é um campo excelente a ser explorado pelos futuros geógrafos da saúde.

Síntese

Neste capítulo, apresentamos os aspectos dos estudos de geografia e sua relação com as políticas de saúde, tendo em vista diferentes contextos e necessidades das populações.

Identificamos parte do processo de consolidação das políticas públicas de saúde, com ênfase para o cenário brasileiro, a fim de realçar o papel do geógrafo e de seus estudos nas gestões ambiental e de saúde, pois não podem ser dissociadas. A partir dos graves impactos ambientais gerados no pós-revoluções industriais, também ocorreu a gradativa concentração de renda no Brasil, culminando no cenário de crise e em graves problemas estruturais, que, por fim, afetaram diretamente a saúde das populações.

Nesse sentido, quando se idealiza a real efetivação das políticas públicas de saúde, é preciso também melhorar outros processos sociais, como os de assentamentos humanos, com ambientes menos insalubres, por exemplo. A dinâmica das sociedades é resultante de uma série de fatores.

Prosseguimos com as políticas públicas de saúde do Brasil quanto aos fatos históricos que caracterizam os caminhos da saúde até os dias atuais, apresentando aspectos do SUS, as fragilidades do sistema e no que isso impacta para os brasileiros.

A legislação brasileira expressamente prevê que todos têm direito à saúde, porém, na prática, o cenário é de insatisfação e de descrença em ralação ao SUS, que não tem conseguido atender toda a população. Em contrapartida, os serviços privados têm colaborado para aumentar a exclusão dos menos favorecidos (Baptista, 2007). Nesse sentido, é evidente a necessidade de reforma, tanto no SUS quanto em outras áreas, como a manutenção e a geração de saneamento básico e de condições mínimas de moradia.

Os geógrafos da saúde já vêm apresentando importantes resultados na ciência brasileira e no subsídio às políticas públicas de saúde, relacionando os conceitos-chave da geografia com os fatos do cotidiano das pessoas inerentes às questões de saúde-doença.

Há ainda muitas dificuldades na real efetivação das políticas de saúde e, muitas vezes, a população não tem acesso aos serviços. Para tratar desse assunto e continuar nossa discussão, no próximo capítulo, abordaremos a acessibilidade aos serviços de saúde e os tratamentos alternativos utilizados por diferentes populações e em diversos contextos.

Indicação cultural

Livro

MATTA, G. C.; PONTES, A. L. M. (Org.). **Políticas de saúde**: organização e operacionalização do Sistema Único de Saúde. Rio de Janeiro: EPSJV/Fiocruz, 2007.

Vale a pena conferir os artigos apresentados nessa obra e que tratam das questões de políticas de saúde sob diferentes óticas na perspectiva do cenário brasileiro.

Atividades de autoavaliação

1. Com base na relação da geografia com o planejamento e as políticas de saúde, assinale a alternativa **incorreta**:
   a) A Organização Pan-Americana da Saúde (Opas), organismo de cooperação internacional com enfoque nas áreas da saúde, está presente em 10 países, incluindo o Brasil.
   b) O período do sanitarismo teve enfoque principal na Europa e nos Estados Unidos em razão da precariedade da estrutura das cidades para abrigar os trabalhadores das indústrias, tornando necessário a intervenção e a criação de estratégias higienistas.
   c) O *Welfare State* (Estado de bem-estar social) foi criado pela OMS para promover o comunismo e reerguer as economias

abaladas pela guerra, mas priorizando a democracia e a justiça social.

d) Em 1990, em virtude de as sociedades utilizarem mais os recursos naturais, criando ambientes insalubres, a ecologia política foi fortalecida nos estudos geográficos.

2. Considerando as políticas públicas no Brasil, assinale V para as afirmações verdadeiras e F para as falsas.

( ) A criação dos ministérios, o início da industrialização do país e o papel dos médicos sanitaristas marcaram o início do século XIX.

( ) Em 1918, após uma epidemia de gripe espanhola no Brasil, constatou-se a necessidade de mudanças na saúde pública e, em 1920, o governo federal passou a agir fortemente sobre a sociedade por meio das campanhas em prol da saúde.

( ) Desde 1950, o Programa Vigilância Sanitária intervém e fiscaliza os setores produtivos e os serviços de saúde.

( ) Assim como os países desenvolvidos da Europa, no pós-Segunda Guerra Mundial, o Brasil adotou uma política de bem-estar social.

( ) Em 1970, o Brasil vivia uma crise política, econômica e institucional oriunda do governo militar, quando foi necessária a criação de planos de ação e estabelecido o II Plano Nacional de Desenvolvimento.

Agora, assinale a alternativa que apresenta a sequência correta:
a) F, F, V, V, F.
b) F, V, F, F, V.
c) V, V, F, F, F.
d) V, V, V, V, F.
e) F, F, V, F, F.

3. Quanto ao Sistema Único de Saúde (SUS), assinale a alternativa **incorreta**:
   a) A legalização do SUS ocorreu com a Constituição de 1988, que definiu as leis e as portarias do Ministério da Saúde na regulamentação dos setores, inclusive dos privados.
   b) Um dos princípios do SUS é a universalização do acesso às ações e ao serviço de saúde e é pautado nos princípios de igualdade à assistência pública, porém, os serviços só poderão ser ofertados pela rede pública de saúde.
   c) O princípio da integralidade da atenção do SUS garante o acesso e a articulação contínua de ações e serviços preventivos e curativos, individuais e coletivos.
   d) A descentralização faz parte dos princípios do SUS e busca a democratização das decisões, e não mais a centralidade no governo federal, possibilitando maior autonomia para atender às localidades que demandam serviços diferenciados.

4. Considerando a Lei Orgânica de Saúde (Lei n. 8.080/1990), assinale a alternativa **incorreta**:
   a) A Lei Orgânica de Saúde apresentou três conceitos: vigilância epidemiológica, vigilância sanitária e vigilância ambiental.
   b) A vigilância epidemiológica refere-se às ações de proteção e prevenção das doenças com a detecção dos determinantes e das condicionantes da saúde.
   c) A vigilância ambiental tem a função de formular ações para manter o meio ambiente por meio da prevenção e da detecção de agravos que poderiam afetar a saúde humana.
   d) A vigilância sanitária diz respeito às ações para evitar ou diminuir os impactos à saúde decorrentes de problemas sanitários e controlar as demandas de bens e serviços.

5. De acordo com as políticas públicas de saúde, assinale V para as afirmações verdadeiras e F para as falsas.

( ) O Pacto pela Saúde passou para o gestor municipal as ações sobre os serviços de saúde, e estados e municípios começaram a receber recursos federais por meio de blocos de financiamento.

( ) As políticas públicas são condicionantes na organização das sociedades, e os preceitos do SUS devem ser analisados sob a ótica do espaço geográfico para que se possa compreender a materialidade que representam para os brasileiros.

( ) As políticas públicas de saúde (sobretudo após a instituição do SUS) não alteram as dinâmicas das sociedades em tempo, escala e intensidade diferenciadas, sendo possível analisá-las como um todo no país.

( ) A efetivação das políticas públicas em nada depende da melhoria de outros processos sociais.

( ) No Brasil, há inúmeras dificuldades na real efetivação das políticas de saúde e, muitas vezes, a população não tem acesso aos serviços.

Agora, assinale a alternativa que apresenta a sequência correta:
a) F, F, V, V, F.
b) F, V, F, V, F.
c) V, V, F, F, V.
d) V, V, V, V, F.
e) F, F, V, F, F.

Atividades de aprendizagem

Questões para reflexão

1. Considerando as políticas de saúde do Brasil no século XIX e início do século XX, reflita sobre os acontecimentos relevantes desse período.

2. Na década de 1970, três eventos ocorreram no Brasil envolvendo os setores da saúde. Quais foram e no que consistiram?

Atividade aplicada: prática

1. Considerando as políticas públicas de saúde e sua real efetivação, faça uma pesquisa sobre como está a saúde no Brasil em pelo menos duas regiões, apontando quais as principais falhas e necessidades dessas populações.

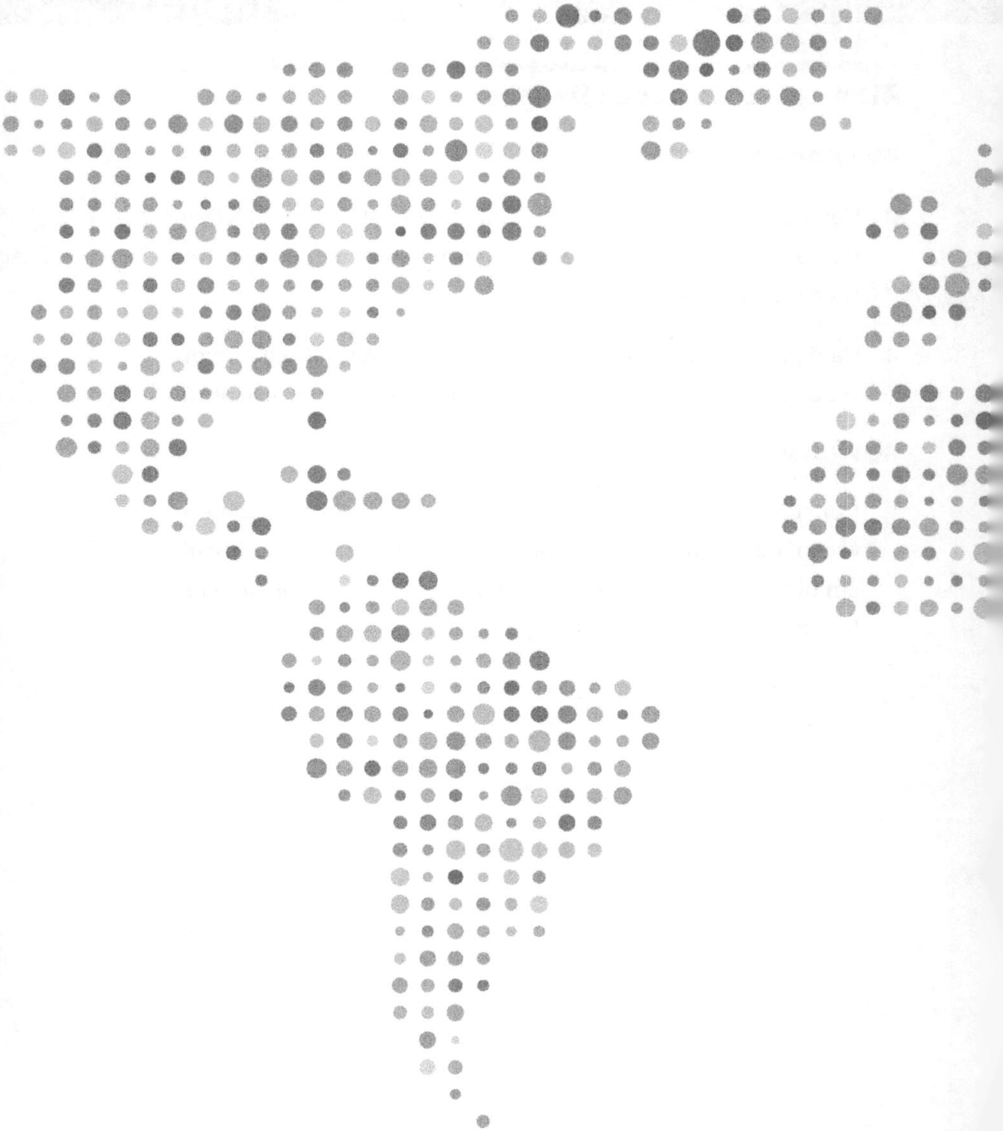

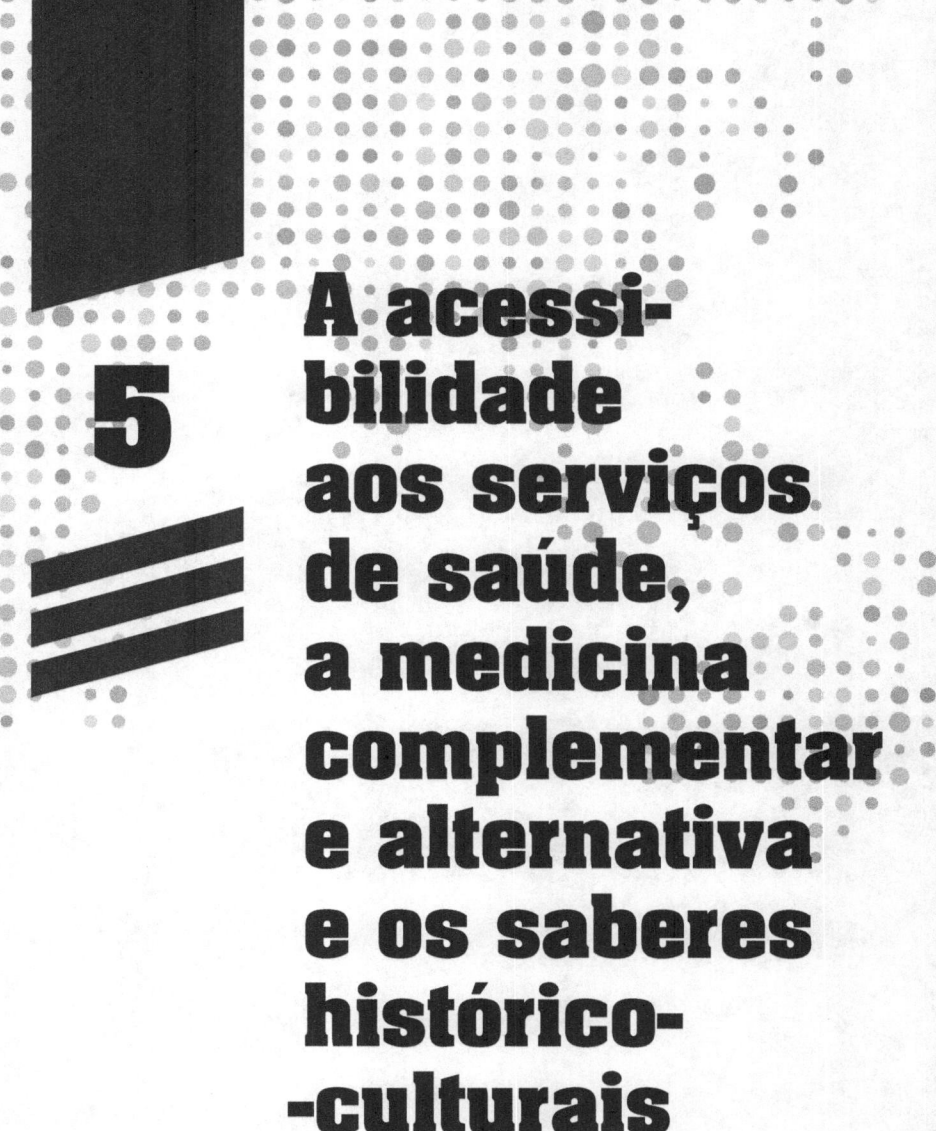

5 A acessibilidade aos serviços de saúde, a medicina complementar e alternativa e os saberes histórico-culturais

Até o momento, apresentamos os caminhos da geografia médica e da saúde e sua relação com a organização das sociedades. Nesse sentido, no capítulo anterior evidenciamos a questão das políticas públicas de saúde no planejamento das ações. Agora, vamos tratar da questão do acesso à saúde, considerando todos os possíveis tratamentos e as características locais definidoras das principais ações populares para combater doenças.

Assim, inicialmente discutiremos aspectos da acessibilidade aos serviços de saúde sobre determinadas regiões e contextos locais. Em seguida, por meio de literaturas internacionais, abordaremos a questão da medicina complementar e alternativa, uma vertente crescente nos países desenvolvidos e que começa a apresentar-se em território brasileiro, porém, sendo caracterizada por tratamentos para a elite social. Por fim, como mecanismo engendrado na dinâmica local e reforçado pelas diferentes culturas, destacaremos os saberes histórico-culturais no tratamento das doenças, apresentando, por exemplo, a ação de curandeiros e benzedeiras no Brasil.

5.1 O contexto geográfico da acessibilidade aos serviços de saúde no Brasil

Entender o contexto de acessibilidade aos serviços de saúde demanda relacionar os aspectos socioeconômicos de cada localidade, a fim de identificar as necessidades locais e, dessa forma, a melhor maneira de efetivar políticas públicas de saúde. Muitos pesquisadores já vêm discutindo as desigualdades socioeconômicas e sua interferência no acesso aos serviços de saúde. Com a identificação de desigualdades persistentes nas diferentes comunidades, é possível elaborar políticas mais condizentes com cada necessidade local (Dummer, 2008).

As primeiras preocupações em relacionar as distâncias das populações e os serviços de saúde em contexto mundial datam dos anos 1920, período em que começaram a surgir estudos sobre as desigualdades no acesso, tendo em vista os diferentes contextos locais. O interesse inicial para mapear essas distâncias foi de pesquisadores de países desenvolvidos (Shannon et al., 1969, citado por Ferreira; Raffo, 2012).

Para medir essas distâncias, os pesquisadores indicam que foram utilizadas duas abordagens tradicionais. A primeira é a da **acessibilidade real**, que consiste na análise efetiva do número quantitativo de usuários utilizando os serviços de saúde. Essas pesquisas podem incluir a classificação por tipo de doença e por setor de saúde envolvido no tratamento, sendo, em sua maioria, em escalas espacial e temporal bem definidas. A outra é a **acessibilidade física potencial**, que se difere da primeira por se configurar em pesquisas gerais, que não necessitam dos valores de consultas, mas sim medir a capacidade de atendimento dos serviços. Portanto, sob essa perspectiva, definir a quantidade de médicos necessários, por exemplo, segue critérios estatísticos, considerando o tamanho da população próxima ao provedor do serviço (Joseph; Bantock, 1982, citados por Ferreira; Raffo, 2012).

Buscando um pouco mais de refinamento na classificação dos tipos de pesquisas em saúde e que se preocupam com a acessibilidade do usuário, Guagliardo (2004) apresenta quatro categorias metodológicas para esses estudos:

1. **Proporção provedor-população** – São utilizados modelos computacionais para calcular a quantidade de provedores de serviços de saúde para determinada população, porém, leva em consideração limites político-administrativos consolidados, como bairros, cidades, estados etc.
2. **Distância até o provedor mais próximo** – Basicamente, é calculada a distância real de determinado grupo populacional (ou até mesmo indivíduos), levando em consideração as residências e o serviço de saúde.
3. **Distância média até um conjunto de provedores** – Os cálculos são elaborados levando em consideração mais de um ponto de residências e sua relação com um conjunto de provedores de serviços de saúde. Para tanto, nessa abordagem prioriza-se a análise regional predefinida.
4. **Modelos gravitacionais de influência espacial** – Assim como o anterior, nesse modelo são combinados mais pontos de disponibilidade de serviços de saúde e sua relação com determinadas populações, sendo priorizada a identificação do potencial de interação espacial entre as variáveis envolvidas e a análise das barreiras de impedimento para o acesso.

As análises espaciais sobre o acesso aos serviços de saúde são de extrema importância na qualidade de vida das populações, justificando a ênfase nos métodos utilizados pelos pesquisadores. Segundo Melo (2016), ocorreu aumento na disponibilidade de serviços de saúde no Brasil, como reforço das práticas preconizadas pelo SUS a partir dos anos 1980. Outros programas também são citados como melhoria no acesso à saúde, como o Programa Saúde da Família, de 1994, e o Programa Nacional de Humanização, de 2003, como estratégia para sanar problemas de saúde do país. No entanto, apesar do investimento para aumentar a disponibilidade de serviços, ainda ocorrem problemas de ordem geográfica (distâncias e dificuldades de locomoção) e na própria organização dos serviços (Melo, 2016).

Tendo em vista esses fatos, torna-se complexa a análise da acessibilidade aos serviços de saúde, pois, em primeiro lugar, a mobilidade urbana perpassa por dimensões não ligadas diretamente às questões de saúde, originadas no planejamento urbano e escoamento populacional. Por conseguinte, há os fatores socioculturais e econômicos que vão definir amostras populacionais diferenciadas. Nesse sentido, não é possível generalizar a característica de determinados grupos para outros similares sem uma análise aprofundada das variáveis locais (Ferreira; Raffo, 2012).

Para definir a acessibilidade aos serviços de saúde, os pesquisadores consideram **dados socioeconômicos** resultantes de indicadores. Os dados mais comuns são os de renda, escolaridade, ocupação, longevidade e Índice de Desenvolvimento Humano (IDH), utilizados para caracterizar a qualidade de vida de determinados grupos ou indivíduos. Além disso, são considerados os aspectos urbanos, como o grau de adensamento urbano e os equipamentos sociais que estão disponíveis para a população (Barbosa et al., 2016).

Para ilustrar essas discussões, identificaremos alguns resultados apresentados sobre as comunidades brasileiras. Em pesquisa de 2002, Neri e Soares (2002) apresentaram importantes resultados sobre a acessibilidade de serviços de saúde do país e que podem ser evidenciados até hoje. A primeira constatação foi sobre a relação entre a pobreza e a qualidade de vida, determinando os grupos com os piores acessos aos serviços de saúde. Isso demonstra uma contradição, pois os mais vulneráveis e que necessitam dos serviços são os que menos têm acesso a ele. Os autores problematizam esse fato de forma bastante interessante ao indicar que a pobreza e o pior rendimento acentuam a carência aos serviços de saúde e, por sua vez, a má saúde acentua um menor rendimento, forçando esses indivíduos a permanecerem vulneráveis (Neri; Soares, 2002).

Ao analisar os dados de acesso à saúde, Neri e Soares (2002) identificaram que são os usuários de planos de saúde os que mais recebiam atendimentos naquele período, destacando que o acesso aos tratamentos está ligado diretamente aos grupos de pessoas com mais privilégios, incluindo escolaridade e serviços públicos básicos, como saneamento, por exemplo. A escolaridade é um fator determinante no sentido de acesso à informação e a cuidados com o corpo, fazendo com que a saúde se torne prioridade, ao passo que os menos favorecidos têm outras preocupações, como a manutenção de serviços básicos de acesso à energia elétrica, água potável e alimentação, deixando aspectos da saúde para quando surgirem os problemas.

Para citar mais exemplos, podemos apresentar o contexto da inclusão de **pessoas com deficiência** na rede de serviços do SUS. A Portaria n. 1.060/2002 instituiu a Política Nacional de Saúde da Pessoa com Deficiência, priorizando um leque de atribuições, como a preocupação com o acesso à saúde e a colocação desses indivíduos na sociedade e, consequentemente, assegurando direitos (Alves, 2015). Segundo Alves (2015), quando se trata de um indivíduo com deficiência motora, por exemplo, as cidades vêm configurando-se como uma barreira de locomoção, demonstrando a desigualdade ao delegá-lo à condição de "o outro" e, muitas vezes, não ofertando serviços condizentes com suas necessidades. A autora ainda reforça que, por mais que os pesquisadores tenham identificado esses aspectos, ocorre pouca discussão de fundo legal para a conscientização popular e a melhoria dos serviços prestados.

Barbosa et al. (2016) pesquisaram sobre a **mortalidade de câncer** no Brasil. Segundo os autores, alguns fatos relativos ao acesso aos tratamentos e ao diagnóstico antecipado da doença são importantes, e as populações mais vulneráveis concentram-se em áreas de mais avançado processo de transição demográfica, ou seja, em comunidades de pessoas idosas. Apesar de os registros não se relacionem à falta de acesso à saúde, a mortalidade por câncer induz à necessidade de políticas públicas de saúde direcionadas a essas populações e, principalmente, ao diagnóstico precoce, viabilizando o tratamento em tempo passível de cura.

Sobre os **idosos**, já fragilizados, ainda existem os que apresentam algum tipo de deficiência, tendo sido retratados por Amaral et al. (2012) em pesquisa elaborada em João Pessoa (PB). Segundo os autores, as principais dificuldades de acesso à saúde dos 244 idosos pesquisados são de ordem arquitetônica, em razão de construções que se apresentam como verdadeiras barreiras diante da precariedade da infraestrutura, que impossibilita o acesso a grande parte das pessoas. Além disso, os autores ainda constataram que 63,9% dos cidadãos com idade acima dos 18 anos e com alguma deficiência alegaram a existência em João Pessoa de barreiras arquitetônicas que impedem o acesso aos serviços de saúde. Ressaltamos que apenas a distância do indivíduo ou grupo de pessoas até o provedor de saúde não representa a efetivação do acesso.

Em pesquisa sobre a distribuição dos serviços de saúde na Chapada dos Veadeiros (GO), Fontenele et al. (2015) mapearam a **oferta médico-hospitalar** da região, com ênfase na distribuição e na concentração de pontos atendidos e pontos não priorizados. Os autores afirmam que os serviços de saúde estão, geralmente, concentrados em locais que evidenciam a atuação de setores privados de saúde e, consequentemente, com populações com mais acesso a eles. Além disso, a disponibilidade de médicos também é geograficamente localizada. Segundo o Conselho Regional de Medicina de São Paulo (2013, citado por Fontenele et al., 2015), os municípios maiores tendem a concentrar a disponibilidade de médicos e, consequentemente, de outros profissionais de saúde, delegando aos municípios menores o desafio de atrair e fixar esses profissionais.

Em pesquisa realizada no Estado de Santa Catarina, Cirino et al. (2016) aplicaram cálculos de **indicadores de acessibilidade** para todos os municípios, chegando ao resultado de que 79% dos 293 municípios estão em faixas com melhor acessibilidade aos serviços de saúde, ao passo que o restante, 21%, é da região do extremo oeste catarinense, que, além de apresentarem a pior acessibilidade, estão a uma distância média de 82 km dos provedores dos serviços de saúde, demonstrando a necessidade de investimentos nessas regiões.

O Estado de Minas Gerais conta com um total de 13 **regiões ampliadas de saúde**. Entre elas, a Região Ampliada de Saúde de Jequitinhonha, com população de 374.199 habitantes, é uma das com grande vulnerabilidade em relação aos serviços de saúde, uma vez que não consegue atender aos requisitos mínimos do Plano Diretor de Regionalização (PDR) e recebe menos atenção que as outras regiões com população superior a 1 milhão (Galvão; Bodevan; Santos, 2015). Galvão, Bodevan e Santos (2015) analisaram a distribuição dos serviços de saúde no Vale do Jequitinhonha, evidenciando a existência de vazios assistenciais e a necessidade de investimento de políticas públicas de saúde na região. Além disso, os autores reforçaram a questão de os serviços estarem centralizados nos grandes centros urbanos, ao passo que no interior existe muita precariedade.

Esses foram alguns exemplos de pesquisas sobre acessibilidade aos serviços de saúde no Brasil, com vistas a ilustrar a complexidade do assunto e reforçar o caráter das políticas de saúde. Todos os pesquisadores apresentados aqui destacam a necessidade de investimento em saúde, lembrando que, entre as atribuições do SUS, está a equidade aos serviços de saúde, porém, ao investigar a real efetivação das ações, é possível identificar graves conflitos no país.

Para prosseguir com o assunto, passaremos a abordar o contexto da *Complementary and Alternative Medicine* (CAM, medicina complementar e alternativa, em português), caracterizada pelas diferenças geográficas e pelo perfil dos usuários de tratamentos alternativos.

5.2 Medicina complementar e alternativa (CAM)

Medir a acessibilidade aos serviços de saúde requer levar em consideração também os tratamentos complementares e alternativos que passaram a ser utilizados para tratar as doenças, porém, em determinados contextos. Inicialmente, analisaremos em que consiste a CAM e quais grupos de pessoas são mais adeptos a ela para, em seguida, problematizar o perfil dos usuários.

O conceito de CAM não é fechado, muitos autores trazem diferentes definições, mas que são correspondentes. Por isso, adotaremos a definição do Centro Nacional de Medicina Complementar e Alternativa (NCCAM) dos Institutos Nacionais de Saúde (NIH) dos Estados Unidos. Segundo o NCCAM, a CAM constitui um grupo de diversos sistemas, práticas e produtos médicos e de cuidados de saúde que não são considerados atualmente parte da medicina ocidental convencional (Kemper; Vohra; Walls, 2008). No entanto, os **medicamentos complementares** já passaram a ser utilizados em conjunto com a própria medicina convencional, como nos tratamentos que incluem massagem e acupuntura como mecanismo para diminuição da dor e utilizados em conjunto com os analgésicos tradicionais (Kemper; Vohra; Walls, 2008). Já os **tratamentos alternativos** são aqueles que excluem a medicina tradicional (Zhang, 2006).

> Segundo o NCCAM, a CAM constitui um grupo de diversos sistemas, práticas e produtos médicos e de cuidados de saúde que não são considerados atualmente parte da medicina ocidental convencional (Kemper; Vohra; Walls, 2008).

A seguir podemos visualizar como o NCCAM classifica a CAM por eixo de trabalho em grande variedade de tratamentos. Alguns serão relatados na sequência deste capítulo.

Quadro 5.1 – Modalidades da CAM classificadas no NCCAM

Classificações	Terapias CAM (NCCAM amostras)
Sistemas médicos alternativos	» Medicina homeopática » Medicina naturopática » Medicina chinesa tradicional » Medicina ayurvédica
Intervenções mente-corpo	» Meditação, oração, cura mental e terapias que usam lojas criativas, como arte, música ou dança
Terapias baseadas em biologia	» Suplementos dietéticos: vitaminas, minerais, ervas ou outros produtos botânicos, aminoácidos e substâncias, tais como enzimas, tecidos de órgãos e metabolitos
Métodos corporais	» Quiropraxia » Osteopática » Massagem
Terapias energéticas	» Qigong, reiki, toque terapêutico, campos pulsados, campos magnéticos

Fonte: Zhang, 2006, p. 19, tradução nossa.

Existe uma variedade de CAM que pode ser utilizada levando em consideração a necessidade das pessoas. Stradford (2012) complementa que cada indivíduo é único e que, por isso, quase nunca se encontra uma resposta 100% eficaz para qualquer tratamento. Ademais, os tratamentos podem ter diferentes resultados para cada indivíduo. É nesse contexto que o autor ressalta a vantagem que tem surgido com o uso de CAM, pois há uma variedade de abordagens que respondem pela individualidade humana e que podem aumentar a saúde em geral e orientar em direção à recuperação. Segundo Stradford (2012), se uma pessoa com depressão utilizar tratamentos alternativos e obtiver 10% de melhoria na saúde depois de cada mudança de hábito – por exemplo, alteração de dieta, início da prática de atividades físicas regulares, acupuntura e ioga –, soma-se um ganho de 50% na saúde sem efeitos colaterais.

Tendo em vista a problemática do uso da CAM em relação à medicina tradicional, a Assembleia Mundial da Saúde, órgão supremo de tomada de decisão da Organização Mundial de Saúde (OMS), instituiu, por meio de suas resoluções WHA62.13 e WHA67.1812, que os Estados-membros deverão:

- integrar a medicina tradicional (TM) e a CAM nos sistemas nacionais de saúde, desenvolvendo e implementando políticas e programas nacionais da TM.
- promover a segurança, a eficácia e a qualidade da TM/CAM, expandindo a base de conhecimento e fornecendo orientação sobre padrões regulatórios e de garantia de qualidade.
- estabelecer sistemas para a qualificação, credenciamento ou licenciamento de praticantes de TM/CAM.

> aumentar a disponibilidade e a acessibilidade da TM/CAM. (Eurocam, 2014, p. 8, tradução nossa)

Em pesquisa realizada pela CAMbrella (rede de pesquisa pan-europeia para a CAM), foram evidenciados 18 estudos sobre a CAM, os quais demonstraram as razões para as pessoas procurarem esse uso. Os resultados indicaram que as motivações podem ser divididas em dois eixos. O primeiro se refere ao aspecto positivo encontrado no uso da CAM como motivações de "atração", em que os pacientes demonstram desejo de assumir um papel mais proativo no cuidado da própria saúde. O outro eixo diz respeito à percepção de aspectos negativos presentes na própria medicina convencional, como insatisfação em razão de alguns tratamentos apresentarem efeitos colaterais desagradáveis e, às vezes, perigosos, podendo se tornar ineficaz (caso das doenças degenerativas crônicas), e fatores negativos da relação médico-paciente (Eurocam, 2014).

Vamos identificar a seguir alguns exemplos de CAM que são relatados por pesquisas internacionais. O primeiro refere-se à **acupuntura**, que consiste em procedimentos envolvendo estimulação de pontos anatômicos no corpo por uma variedade de técnicas, que, geralmente, incorporam tradições médicas da China, do Japão, da Coreia e outros países. A técnica de acupuntura que tem sido mais estudada cientificamente é a que envolve o uso de agulhas que penetram na pele. Essas agulhas são finas, sólidas e metálicas e podem ser manuseadas à mão ou por estimulação elétrica (Kemper; Vohra; Walls, 2008).

Em estudo sobre CAM para tratar a enxaqueca, Göksel (2013) encontrou na literatura relatos sobre o uso de acupuntura para tratar dores de cabeça crônicas, ressaltando que a própria medicina tradicional chinesa já utiliza a técnica há mais de 2 mil anos.

Segundo a medicina tradicional chinesa, a enxaqueca é resultante de um desequilíbrio no fluxo de energia nos meridianos, que são canais por onde circula a energia vital corporal e, nesse sentido, a acupuntura é utilizada para recuperar o equilíbrio perdido (Göksel, 2013).

Segundo Kemper, Vohra e Walls (2008), existem variantes no uso de tratamentos com agulhas, como por meio de calor, massagem, uso de *lasers* e ímãs, correntes elétricas ou pressão. Além disso, são crescentes as iniciativas de tratamentos pediátricos que envolvem uso de acupuntura. Na União Europeia, por exemplo, a acupuntura é o método mais utilizado por médicos e profissionais não médicos (Eurocam, 2014).

Prosseguindo, há também o uso de **fitoterapias**. Os tratamentos baseados em fitoterapias são aqueles que utilizam medicamentos à base de plantas (Eurocam, 2014). De acordo com pesquisa elaborada pela CAMbrella, a fitoterapia está inclusa na medicina herbal e, na União Europeia, é praticada por médicos e profissionais não médicos (Eurocam, 2014). Relacionando-se com essas práticas, tem-se a classificação apresentada pela NCCAM (Quadro 5.1) sobre as práticas baseadas em biologia, que, além do uso de plantas botânicas, envolvem tratamentos com vitaminas, minerais, extratos derivados de animais, ácidos graxos, aminoácidos, proteínas, controle de dietas e uso de alimentos funcionais (Kemper; Vohra; Walls, 2008).

O controle da **alimentação** e o uso de **suplementos** dietéticos são amplamente utilizados em vários tratamentos, entre eles para controlar asmas, diarreias, transtornos de déficit de atenção ou hiperatividade, depressão e ansiedade. Esses tratamentos estão se expandindo rapidamente como complemento dos tratamentos convencionais (Kemper; Vohra; Walls, 2008). Segundo Berger (2012), a alimentação tem se tornado um foco no tratamento de doenças mentais, por exemplo, uma vez que pesquisas recentes têm evidenciado a falta de vitaminas na dieta alimentar dos povos ocidentais.

A dieta equilibrada, com uso de frutas e vegetais frescos, foi sendo suprimida pelo uso de alimentos rápidos (*fast-food*) e de fácil preparação, levando ao desequilíbrio na saúde das populações. Esses fatos podem ser exemplificados com os problemas de saúde que envolvem o trato digestivo e também o sistema nervoso. Ademais, a disponibilidade de alimentos remete ao contexto socioeconômico e à renda das populações. Pessoas que têm condições financeiras e não consomem os alimentos ideais, devido à rotina, por exemplo, passam a utilizar suplementações (Berger, 2012).

O próximo tratamento consiste no uso de **homeopatias**. Segundo Kemper, Vohra e Walls (2008), a homeopatia foi desenvolvida por Samuel Hahnemann em 1790 e baseia-se no uso de componentes diluídos e administrados para curar sintomas. O diferencial consiste no fato de que, como os componentes ingeridos são os responsáveis por causar mazelas (desencadear os sintomas que estão sendo tratados), caso sejam ingeridos em grandes quantidades, na homeopatia, são elaboradas fórmulas com pequenas quantidades de determinados componentes. Ao contrário da farmacologia clássica, a homeopatia segue a teoria de que, quanto maior a diluição, maior a potência do produto.

Na pesquisa da CAMbrella, comentada anteriormente, a homeopatia se apresentou como segundo mecanismo mais utilizado para CAM na União Europeia (Eurocam, 2014). Já em pesquisa elaborada no Estados Unidos, foram encontrados cerca de 3 mil clínicos, entre eles médicos, enfermeiros, dentistas e naturopatas utilizando-a em suas práticas (Kemper; Vohra; Walls, 2008).

Outro exemplo são as **massagens** como método amplamente utilizado para diminuição de dores musculares, mas que também pode ser aplicado para regular a circulação sanguínea e os padrões de sono (Göksel, 2013). Técnicas que envolvem uso de massagens passaram a ser utilizadas no tratamento de crianças que nasceram prematuras, no fortalecimento da musculatura e, consequentemente, auxiliando no crescimento. Estudos indicaram ainda que as massagens também têm efeito curativo em sintomas de cólicas, artrites e asmas (Kemper; Vohra; Walls, 2008).

Por fim, a **ioga** é também uma alternativa utilizada para tratamento de sintomas, resultando positivamente na pressão sanguínea, glicemia, pressão intraocular e regulação da respiração (Göksel, 2013).

Existem outras variações de CAM que poderiam ser evidenciadas neste capítulo, porém, o foco principal aqui são os diferentes tratamentos e a questão da acessibilidade aos serviços de saúde. O fato é que existe um aumento no uso de CAM e que se relaciona com o desejo dos pacientes em buscar tratamentos mais individualizados. No entanto, o acesso a esses serviços ocorre, prioritariamente, por pessoas com melhores condições de renda e de países desenvolvidos. Como no Brasil existe uma grande desigualdade na distribuição de renda, outros tratamentos são mais evidentes e se relacionam com questões culturais. Analisaremos esses fatos a seguir.

5.3 Os saberes histórico--culturais e o tratamento de doenças no Brasil

Os saberes histórico-culturais no tratamento de doenças não é fato exclusivo do cenário brasileiro, pois está enraizado no processo histórico da civilização. Antes mesmo de os medicamentos serem elaborados em laboratórios e disponíveis em solução ou comprimidos, suas essências e seus agentes já eram consumidos em forma de chás, garrafadas, pasta para pomadas naturais, entre muitos outros exemplos que variam conforme a cultura local, demonstrando a riqueza de possibilidades para discutir o assunto. Para tanto, tendo em vista a necessidade de frisar alguns aspectos do cenário brasileiro, optou-se por apresentar o contexto das benzedeiras e da fé no tratamento de doenças.

Primeiramente, é necessário contextualizar que, na história do desenvolvimento do país, desde os tempos coloniais, o **curandeirismo** se apresentou como mecanismo amplamente utilizado nos mais variados meios sociais e resistiu a pressões de instituições oficiais (representando a medicina tradicional), que desacreditavam nos benefícios dessas práticas (Araújo, 2011). Santos (2007) complementa sobre a importância dos personagens, pajés indígenas, feiticeiras e rezadeiras do Velho Mundo, curandeiros e curandeiras oriundos da África, que utilizavam ervas, raízes e plantas na prática curativa e religiosa no decorrer da história do Brasil. O autor também reforça que esses saberes persistiram enraizados na cultura e nas práticas em cada região do país.

As práticas executadas pelos curandeiros também eram respostas encontradas para a inacessibilidade aos medicamentos, aqueles importados de Portugal, no período colonial. Ainda, havia um fator de agravamento relativo às características do país tropical, as quais influenciavam as moléstias que ainda não eram bem conhecidas pelos portugueses, ou seja, além de os medicamentos serem caros, a eficácia era duvidosa, restando para a população o tratamento alternativo (Araújo, 2011).

Araújo (2011) ressalta que existia pouco interesse dos médicos portugueses em se estabelecerem no Brasil em razão dos desafios impostos pelas características naturais (extensão de terras ainda não desbravadas e de difícil deslocamento), fazendo com que os curandeiros representassem um "mal necessário" para suprir a falta de médicos. Como consequência, as práticas alternativas se fortaleceram e foram repassadas de geração em geração até hoje.

É importante mencionar a relação religiosa com os processos de cura. Sobre isso, Morais (2016) menciona que a **bendição** consiste em prática ligada à Igreja Católica e se relaciona com o "dom" divino, mas que pode ser repassada de geração em geração. Benzer pressupõe uma série de gestos e rezas e pode acompanhar o uso de ervas e plantas medicinais. Essas pessoas, mais comumente do sexo feminino, são consideradas intermediárias do processo de cura, no qual a benção de Deus atuará no indivíduo enfermo, seja qual for sua classe social. Além disso, o paciente também necessita acreditar e ter fé na cura por meio das orações (Morais, 2016).

As rezadeiras e benzedeiras estão por todos os locais do país, podendo ser encontradas nos grandes centros urbanos ou nas regiões rurais e cidades interioranas, e, geralmente, são indicadas e conhecidas pelo famoso "boca a boca", publicidade local de ex-pacientes. Por mais que o ato de benzer esteja ligado à Igreja Católica, as benzedeiras não pregam tipos específicos de ritos religiosos, pois a intenção está na recuperação do indivíduo que as procura (Gaspar, 2004). Morais (2016) complementa que as benzedeiras são vistas na sociedade como mulheres pobres, mães e casadas, com o dom de oferecer cura para as pessoas de suas comunidades e até mesmo se deslocando para regiões distantes para prestar atendimento.

> Ainda, havia um fator de agravamento relativo às características do país tropical, as quais influenciavam as moléstias que ainda não eram bem conhecidas pelos portugueses, ou seja, além de os medicamentos serem caros, a eficácia era duvidosa, restando para a população o tratamento alternativo (Araújo, 2011).

Outro aspecto importante é sobre as **simpatias**, geralmente ensinadas pelas próprias benzedeiras para que a pessoa continue o tratamento em sua residência. Floriani et al. (2016) pesquisaram a atuação de benzedeiras na Serra das Almas, no Estado do Paraná, e apresentaram uma série de simpatias ensinadas por elas, por exemplo, o uso do "puxado" ou "puxa pé" para o tratamento das verminoses, "que consiste em passar em torno dos pés mel ou vinagre: fricciona-se o mel ou vinagre nas mãos e se passa três vezes na parte anterior da perna, atrás do joelho até o pé, e três vezes na frente da perna, do joelho em direção ao pé" (Floriani et al., 2016, p. 344). Após esse processo, é imprescindível que a criança tome um chá amargo, o qual impedirá que os vermes subam por suas pernas e andem pelo corpo. Os autores ainda salientam que essas práticas tradicionais estão presentes na região desde os séculos passados, fortalecendo a identidade regional e a solidariedade daqueles povos (Floriani et al., 2016).

Em pesquisa elaborada por Oliveira (1983, citado por Araújo, 2011) na cidade de Campinas (SP), foi possível identificar vários **domínios religiosos** utilizados na prática da bendição: entre eles estão a própria bendição católica, na qual são evocados os santos do catolicismo, por exemplo; a corrente católica na qual os clientes são de vertente espírita e, para o tratamento, são invocados os guias ou médicos espirituais; a kardecista, na qual a benzedeira ou o curandeiro incorpora espíritos guias na hora de curar; a crente, que se caracteriza pelo uso da Bíblia e de óleos para unção, elementos do universo evangélico; a umbandista, muito similar à kardecista, mas, em vez de guias médicos espirituais, a incorporação ocorre por meio de entidades consagradas no culto umbandista; e a vertente esotérica, que se caracteriza pela intermediação entre o espírita e o católico. Nesse sentido, não ocorre incorporação, e a benzedeira ou o curandeiro utilizam esforços de concentração, podendo realizar trabalhos de quiromancia, cartomancia e contrafeitiços. Note a riqueza e a diversidade já evidenciada por Oliveira (1983, citado por Araújo, 2011), mas que ainda estão presentes na região.

Em outra pesquisa, dessa vez com **populações ribeirinhas** na Amazônia, Morais (2016) identificou a influência indígena e africana na cura dos doentes, destacando também o papel do homem e da natureza para o equilíbrio das comunidades e da própria saúde da população.

Tendo em vista a riqueza de fauna e flora da Amazônia, esses elementos são amplamente utilizados no tratamento de doenças e, ao contrário de muitas realidades, em que se concentram em regiões periféricas e no interior, nessa região eles podem ser encontrados em feiras populares nas cidades e também nas residências. Constantemente novas ervas medicinais são descobertas, o que causa receio nas comunidades ribeirinhas, principalmente diante da possibilidade de que pessoas mal-intencionadas, oriundas de grandes cidades, tentem tirar proveito econômico e "roubar" a descoberta das comunidades. É importante ressaltar também que os curandeiros e as benzedeiras são alvo de críticas nas cidades por serem empecilho na venda dos medicamentos da indústria farmacêutica (Morais, 2016).

Em pesquisa de campo com os curandeiros das populações ribeirinhas, Morais (2016, p. 70) encontrou uma variedade de usos de partes de animais no tratamento de várias doenças, como as

> doenças respiratórias (ex. asma, gripe, pneumonia, tuberculose, coqueluche), doenças circulatórias e cardíacas (ex. acidentes cerebrovasculares, derrame, circulação, pressão alta), reumatismo, como cicatrizante (ex. luxação, golpes e feridas), dores e doenças

relacionadas ao útero ("mãe do corpo") (ex. inflamação uterina, recuperação pós-parto).

Considerando essas informações, é possível constatar que, nessas comunidades, o uso de animais acompanha as plantas e as ervas medicinais no tratamento das doenças.

Ainda sobre o uso de **animais** e outros elementos no processo de cura, Cavander e Albán (2009, citados por Oliveira; Costa Júnior, 2011) estudaram aspectos de mecanismo de cura utilizados por curandeiros de terras altas do Equador. Os pesquisadores identificaram que, além das plantas medicinais, são utilizados outros elementos para curar os clientes, como ovos, porquinho-da-índia, água benta, crânio de cachorro, sangue, velas e colônias. Interessantemente, esses itens são utilizados como termômetros para algumas doenças e no ato de fricção contra o corpo humano. O porquinho-da-índia, por exemplo, é utilizado por meio da sua fricção no corpo do doente para examinar alguns órgãos, como fígado, coração, estômago e pulmões (Cavander; Albán, 2009, citados por Oliveira; Costa Júnior, 2011).

Em pesquisa realizada na Comunidade Remanescente de Quilombolas (CRQ) de Palmital dos Pretos, no Paraná, Floriani et al. (2016) observaram que os saberes tradicionais da **medicina popular** são elementos cruciais para o tratamento dos grupos sociais mais fragilizados da região. Além disso,

> as mulheres empoderadas pelo papel de benzedoras (médico-mágicas) aparecem como líderes comunitárias, tendo como papel fundamental realizar a "costura" (apropriando-se do termo da medicina vernacular) simbólica entre o passado e o presente, reafirmando assim os laços de solidariedade e

reciprocidade social entre territórios tradicionais. (Floriani et al., 2016, p. 333)

Os pesquisadores identificaram o estabelecimento de uma medicina popular baseada na "cosmo-medicina-religiosa" de uso estritamente feminino. Notaram também que essas mulheres passam esses conhecimentos de geração em geração, já que os homens de Palmital dos Petros, em sua maioria, trabalham no reflorestamento de pínus da região e se ausentam da comunidade durante a semana, regressando apenas nos fins de semana, o que fortalece o papel das mulheres na gestão da comunidade (Floriani et al., 2016).

Encerramos esses exemplos de atuação dos saberes histórico-culturais nos tratamentos de doenças no Brasil reforçando que ainda existe a necessidade de mais investimentos em pesquisas sobre essa temática. No entanto, o que já foi produzido representa a atual configuração de um país com diversas possibilidades de atuação dos setores de saúde, cabendo aos geógrafos da saúde compreender como esses processos são responsáveis por caracterizar a geografia de cada localidade do país.

Síntese

Neste capítulo, apresentamos aspectos da acessibilidade aos serviços de saúde e analisamos como os pesquisadores medem as distâncias enfrentadas pelas populações para encontrar a cura para as doenças. Também identificamos a geografia presente nesse contexto, com a caracterização de diversos cenários complexos, por conta de questões referentes à distribuição de renda, à acessibilidade aos serviços de saúde ou até mesmo de questões culturais, que surgem com mais evidencia em localidades mais distantes.

A acessibilidade aos serviços de saúde remete a uma gama de relações complexas que perpassam pela disponibilidade dos serviços, pelo arranjo espacial das aglomerações urbanas e pelo modo de vida das populações. Nesse sentido, verificamos que os pesquisadores tendem a medir as distâncias físicas em relação ao distanciamento das populações e ao deslocamento para encontrar determinados serviços, o que evidencia os vazios urbanos. Vale ressaltar que os locais que menos contam com serviços para a população são aqueles que geralmente apresentam outras debilidades, como a renda da população, que também é um fator determinante. Além disso, existe a relação público-privado na disponibilidade de serviços de saúde, tornando esses fatos ainda mais desiguais no espaço.

Por conseguinte, analisamos alguns mecanismos da chamada *medicina complementar e alternativa* (CAM), que se aprimoraram em países já desenvolvidos economicamente, mas também estão presentes em nosso território.

Por fim, evidenciamos o papel da cultura e da representação de personagens históricos fortalecidos nas periferias geográficas do país e que tratam as doenças das populações baseadas em saberes populares e na fé, utilizando plantas e animais como medicação para variadas doenças.

Ao passo que existem as dificuldades de acesso aos serviços de saúde, identificamos aspectos histórico-culturais enraizados nas populações que utilizam diversos tratamentos alternativos para combater doenças e que se fazem presentes até hoje. Esse fato também se relaciona com o desenvolvimento local e a renda das populações, o que é visível pelos tipos de tratamentos alternativos exemplificados, pois, em países desenvolvidos, a opção por tratamentos elitistas está mais presente do que no Brasil. Aqui, identificamos o papel dos curandeiros e das benzedeiras, geralmente em populações pobres, que sofrem as pressões da medicina convencional e da indústria farmacológica por se constituirem opções de cura baseadas em plantas e na fé das pessoas. No entanto, a procura por essas orações e bendições ocorre em todas as classes de pessoas, inclusive nos grandes centros urbanos, onde existe acesso ao serviço privado de saúde.

As questões de saúde das populações remetem à estrutura política e econômica do país e dependem dos financiamentos e investimentos para a gestão qualificada do território e como incentivo para os profissionais de saúde atuarem pelo interior. Ainda hoje existe a manutenção de um ciclo histórico de desigualdade (Fontenele et al., 2015), que deverá ser superado para a real equalização dos serviços de saúde no país e a valorização dos saberes histórico-culturais, tão importantes nas sociedades.

Indicação cultural

Documentário

BENZEDEIRAS: ofício tradicional. Direção: Lia Marchi. Brasil, 2015. 24 min.

Documentário dirigido por Lia Marchi que relata a história das benzedeiras que atuam em regiões do país proporcionando a cura pela fé e as tradições enraizadas na cultura brasileira.

Atividades de autoavaliação

1. Sobre as rezadeiras e benzedeiras, símbolos da medicina não tradicional, assinale a alternativa correta:
   a) Concentram-se somente em cidades interioranas, principalmente na zona rural. Geralmente são muito conhecidas em suas comunidades e indicadas pelo famoso "boca a boca".
   b) Podem ser encontradas nas menores vilas até em grandes centros urbanos. Em sua maioria, pregam tipos específicos de ritos religiosos.
   c) São encontradas em todo território brasileiro e vistas como mulheres pobres e sem família, as quais dedicaram toda uma vida ao serviço ao próximo.
   d) São conhecidas também pelas famosas simpatias, feitas apenas pelas próprias benzedeiras, as quais passam esse conhecimento de geração em geração.
   e) São procuradas geralmente por populações pobres, por se constituirem uma opção de cura baseada em plantas e na fé.

2. Com relação ao contexto geográfico da acessibilidade aos serviços de saúde no Brasil, analise as informações a seguir.
   I. Os usuários de planos de saúde têm maiores privilégios na sociedade e apresentam maior nível de escolaridade e, consequentemente, tem mais acesso aos tratamentos.
   II. Não podemos mais afirmar que indivíduos com deficiência motora enfrentam problemas nas grandes cidades, pois estas têm oferta de serviços condizentes com suas necessidades.
   III. Alguns dos indicadores socioeconômicos utilizados para definição da acessibilidade aos serviços de saúde são:

escolaridade, ocupação, longevidade, renda e IDH (índice de desenvolvimento humano).

IV. Para medir as distâncias das populações aos serviços de saúde são utilizadas duas abordagens tradicionais: a acessibilidade física potencial e a acessibilidade real. A primeira consiste na análise efetiva do número quantitativo de usuários dos serviços de saúde; a segunda se caracteriza por pesquisas gerais.

Agora, assinale a alternativa correta:
a) Somente as afirmações I e II são verdadeiras.
b) Somente as afirmações II e III são verdadeiras.
c) Somente as afirmações III e IV são verdadeiras.
d) Somente as afirmações I e III são verdadeiras.
e) Todas as afirmações são verdadeiras.

3. Sobre os resultados das pesquisas em Santa Catarina e em Minas Gerais, analise as afirmações a seguir.

I. Em ambas as pesquisas foram analisadas a acessibilidade aos serviços de saúde em todas as cidades, apresentando melhor acessibilidade o Estado de Minas Gerais.

II. A pesquisa realizada em Santa Catarina mapeou todos os municípios e identificou que aqueles na região do extremo oeste apresentam os piores índices de acessibilidade aos serviços de saúde.

III. Em Minas Gerais, a pesquisa ocorreu priorizando as comunidades do Vale do Jequitinhonha, que apresentou vazios assistenciais e falhas nos sistemas de saúde.

IV. Em Minas Gerais, foram estudados todos os municípios, mas os resultados indicaram problemas apenas relacionados ao Vale do Jequitinhonha.

Agora, assinale a alternativa correta:
a) Somente as afirmações I e II são verdadeiras.
b) Somente as afirmações II e III são verdadeiras.
c) Somente as afirmações III e IV são verdadeiras.
d) Somente as afirmações I e III são verdadeiras.
e) Todas as afirmações são verdadeiras.

4. Sobre os tratamentos da medicina complementar e alternativa, analise as assertivas a seguir e marque V para as verdadeiras e F para as falsas.

( ) Os tratamentos relacionados à medicina complementar e alternativa são aqueles que a população procura para contrapor às técnicas utilizadas na medicina tradicional.

( ) Em razão das características únicas de cada pessoa, as CAM são indicadas para atender as particularidades que a medicina tradicional não alcança e, sendo assim, essas abordagens priorizam a individualidade.

( ) A CAM é de fácil acesso para as populações e, por isso, a OMS institui uma série de normativas para que seja incorporada aos serviços de saúde tradicionais por todo mundo.

( ) Os motivos que levam as pessoas a procurarem a CAM estão, em partes, relacionados a razões de atração, referentes aos cuidados proativos, e à percepção de aspectos negativos presentes na medicina convencional.

Agora, assinale a alternativa que apresenta a sequência correta:
a) F, F, V, V.
b) V, F, V, F.
c) F, V, F, V.
d) F, F, F, V.
e) V, V, V, F.

5. Sobre os saberes histórico-culturais, analise as afirmações a seguir.

   I. Os saberes histórico-culturais presentes enraizados nos tratamentos de saúde no Brasil são reflexo da história de desenvolvimento do país e da acessibilidade aos serviços de saúde.
   II. Entre as práticas mais executadas estão os atos dos curandeiros e das benzedeiras, que consistem no tratamento por meio de orações, mas que não seguem ritos religiosos.
   III. As benzedeiras estão presentes no interior do país, em pequenas cidades e atendendo apenas as pessoas de baixa renda.

   Agora, assinale a alternativa correta:
   a) Somente as afirmações I e II são verdadeiras.
   b) Somente as afirmações II e III são verdadeiras.
   c) Somente as afirmações I e III são verdadeiras.
   d) Somente a afirmação II é verdadeira.
   e) Todas as afirmações são verdadeiras.

Atividades de aprendizagem

Questões para reflexão

1. Como são feitas as pesquisas que tentam medir a acessibilidade aos serviços de saúde?

2. No que consiste a CAM e por que apresenta diferentes abordagens?

Atividade aplicada: prática

1. Pesquise em sua cidade quais são as principais dificuldades que podem ser encontradas na acessibilidade aos serviços de saúde (desde o transporte até a estrutura física dos locais de atendimento à população).

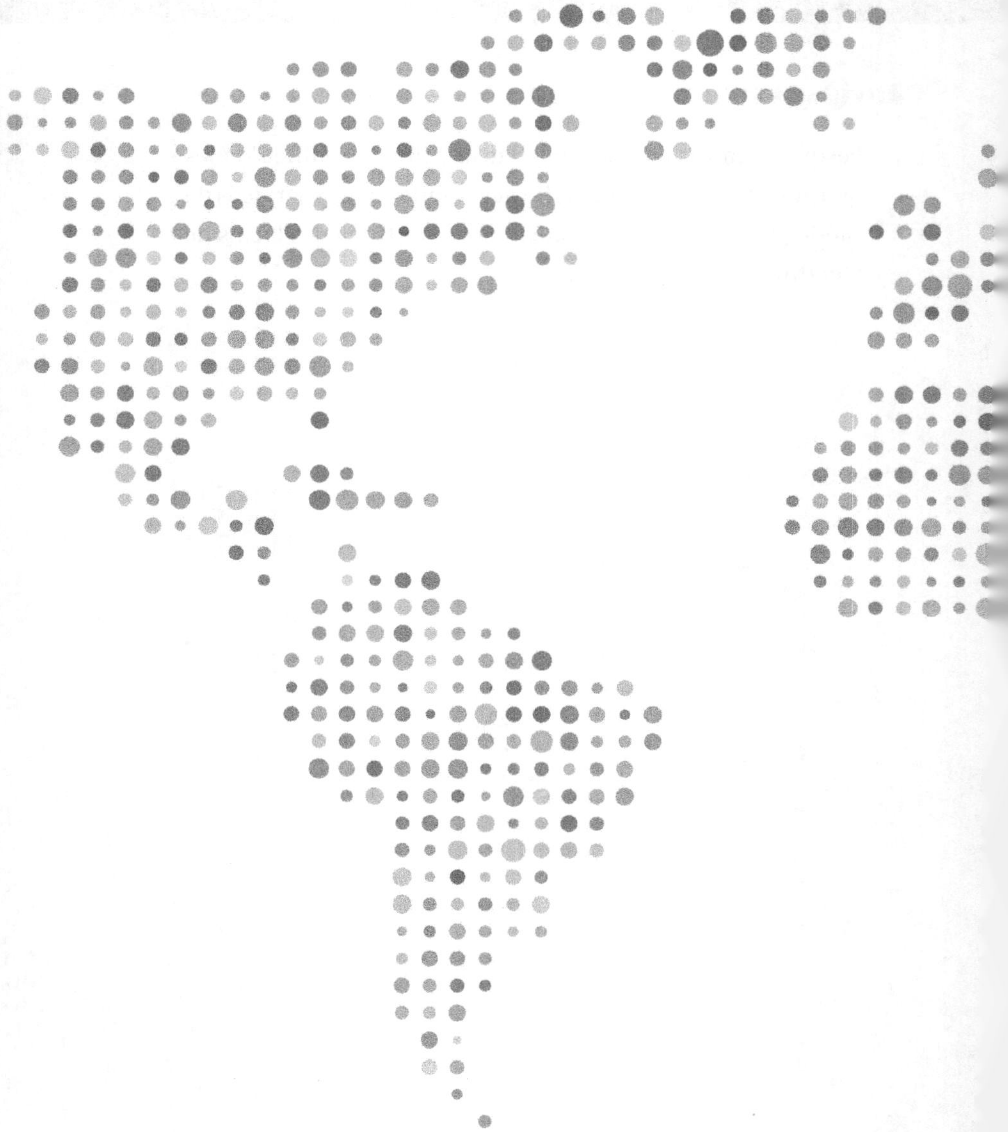

6

Métodos e técnicas: mapeando as doenças

Já discutimos a evolução da geografia médica e da saúde nos últimos anos e como elas se relacionam diretamente com várias áreas do saber científico, além dos estudos geográficos. Neste momento, é importante destacar os métodos e as técnicas utilizados na produção de conhecimento científico. As pesquisas que envolvem geografia e saúde são, geralmente, dicotomizadas entre metodologias quantitativas e qualitativas, sendo aquelas mais relacionadas com a epidemiologia e estas mais direcionadas aos aspectos das ciências sociais (Dummer, 2008).

A análise de problemas complexos sobre a saúde das populações requer diferentes abordagens. No entanto, segundo Dummer (2008), há uma preocupação comum: o papel do lugar no trato da saúde.

Pensando nessa problemática e nos métodos antigos e atuais para pesquisar assuntos de saúde, passaremos a evidenciar a função dos mapeamentos das doenças, que reforçam a questão das atribuições dos geógrafos para os serviços de saúde.

6.1 Mapeando as doenças

Os mapas estiveram presentes nos assuntos dos capítulos anteriores, demonstrando aspectos da evolução da geografia médica como principal produto elaborado na análise de distribuição das doenças e dos serviços de saúde. De acordo com Krieger (2009), os mapas são ferramentas de poder e representam a ideologia dos pesquisadores, além de ser mecanismos para expressar e organizar ideias e teorias.

Como explanado no Capítulo 2, as doenças, em tempos antigos, foram mapeadas por diversos tipos de registros, como as pinturas e diferentes tipos de mapeamento. No entanto, esses registros são de difícil acesso. Com base nesses fatos, passaremos a identificar alguns aspectos da evolução dos mapeamentos em períodos mais próximos da atualidade, uma vez que já foram publicados em textos científicos.

Do início do século XVIII, podemos citar o médico italiano Giovanni Maria Lancisi, tendo em vista sua contribuição para a cartografia das doenças. Na ocasião, o médico estava preocupado com os registros de casos de malária e, pensando em minimizar os problemas decorrentes dessa doença, defendia a supressão dos pântanos próximos aos centros urbanos por meio de drenagem ou aterros. Vale ressaltar que ele foi considerado o precursor do saneamento ambiental (Mazetto, 2008).

O médico Giovanni apresentou sua contribuição com a cartografia das doenças ao elaborar um cartograma da França, no ano de 1717, destacando as áreas insalubres e identificando os locais com maior risco à **malária** (Mazetto, 2008). Nesse produto foram destacadas as regiões pantanosas, que apresentam facilidade na proliferação do mosquito vetor.

Outra doença que também é transmitida por mosquitos vetores é a **febre amarela**, que fez muitos registros nos Estados Unidos no século XVIII. Nesse período, a propagação da doença foi encarada como um grave problema ao comércio com outros países, sobretudo com a Inglaterra, o que levou a estudos para compreender sua difusão e, assim, a mecanismos de enfrentamento. Parte dos estudos sobre os determinantes da doença já utilizava fatores geográficos, como as questões atmosféricas e sociais (Koch, 2009).

Em 1798, Valentine Seaman foi o pesquisador que mapeou um surto de febre amarela em Nova Iorque. Acreditando que a doença tinha relação com resíduos e odores em determinados locais da cidade (baseado na teoria miasmática), Seaman utilizou uma técnica que incluía uso de mapas de cobre para identificar os odores. Dessa forma, ele obteve como resultado a relação entre os locais com maiores surtos da doença e a presença de mais odores. Vale ressaltar que, nesse período, o estudo se apresentou como numérico, pela contagem dos registros das doenças, mas não foi de cunho estatístico, pois não havia informações mais detalhadas sobre a população de Nova Iorque (Koch, 2009).

Koch (2009) complementa que, desde o fim do século XVIII, os mapas foram utilizados para a coleta e a análise de dados espaciais, reforçados pelas questões de saúde pública, que, segundo o autor, são oriundas de um misto de cartografia, geografia, números e estatísticas.

No início do século XIX, podemos destacar o trabalho de A. Moreau de Jones, que, em 1824, mapeou áreas endêmicas da **cólera** no continente asiático e, posteriormente, preocupou-se com sua disseminação para o mundo, analisando as datas e direções de expansão da doença (Mazetto, 2008).

Segundo Mazetto (2008), a cólera foi a doença mais preocupante desse período, sobretudo em razão do crescimento desordenado das áreas urbanas em função da Revolução Industrial na Europa e nos Estados Unidos.

Na Europa do século XIX, também foram produzidos alguns trabalhos com mapeamento da cólera. Em 1833, Robert Baker apresentou um estudo sobre a cólera na cidade de Leeds, na Inglaterra, mapeando os registros de casos e delimitando os distritos afetados, identificando assim que a doença esteve mais presente nas regiões nordeste e sul (Mazetto, 2008).

O geógrafo alemão Augustus Petermann elaborou um cartograma da Grã-Bretanha, em 1855, identificando a concentração de casos de cólera nas Ilhas Britânicas e em centros urbanos de grande importância (Mazetto, 2008). Também mapeando a cidade de Londres, Petermann dividiu-a por distritos conforme a incidência da cólera, sendo possível relacionar a situação dos moradores de baixa renda com os maiores registros de óbitos pela doença (Mazetto, 2008).

No entanto, a principal contribuição relacionada ao mapeamento da cólera ocorreu com John Snow, médico e professor na escola de medicina de Soho, em Londres. Seu primeiro contato com a cólera ocorreu em Newcastle, quando da proliferação de uma epidemia entre os anos 1831 e 1832. A partir desse período, passou a contribuir significantemente com suas publicações em revistas médicas – a primeira foi o *Medical Gazette*, em 1841 (McLeod, 2000).

As contribuições de Snow sobre a cólera ocorreram em vários momentos. Em 1849 ele divulgou um panfleto chamado "On the Mode of Communication of Cholera", que acabou se tornando um livro em 1855. No livro, Snow apresentou os resultados de um estudo sobre o abastecimento de água nos distritos do sul de Londres, onde ele identificou uma relação direta da doença com a presença de água contaminada: as pessoas que viviam em casas com abastecimento de água pela empresa Lambeth Company estavam duas vezes menos propensas a morrer de cólera durante as primeiras sete semanas da epidemia e apresentavam cinco vezes menos probabilidade nas próximas sete semanas, ao contrário das pessoas que recebiam o abastecimento da empresa Southwark and Vauxhall Company (McLeod, 2000).

Foi na publicação de 1855 que Snow também apresentou resultados de seu estudo sobre o surto de cólera em Golden Square, um subdistrito de Soho, onde está a Broad Street (Figura 6.1).

Figura 6.1 – Broad Street, Londres (1854): cartograma de óbitos por cólera, por John Snow

— Registros de óbitos por cólera

British Library / Science Photo Library / Science Photo Library / Fotoarena

O cartograma de Snow é referência ao falar de geografia e saúde e é apresentado em variados veículos de informação (livros e artigos). Snow identificou que todas as localidades que pararam de utilizar a bomba d'água próxima à Broad Street apresentaram diminuição nas mortes por cólera, ao passo que as populações mais próximas à bomba sofreram mais com a doença. É importante mencionar também que a Broad Street é uma rua de grande importância na cidade e que concentra certo nível de densidade populacional, o que mostra a importância do estudo de Snow (McLeod, 2000).

Snow é considerado um cartógrafo e médico pioneiro, popular na literatura e no histórico da geografia médica. Seu nome está presente em textos de geografia geral e em literaturas de cartografia, e o mapa sobre a cólera de 1854 é lembrado pela maioria dos epidemiologias e geógrafos (Gilbert, 1958, citado por McLeod, 2000).

Outra referência sobre estudos da cólera é Chadwink, que usou dados do censo de 1841 para relacionar a renda com a incidência de cólera e de doenças respiratórias. Ele elaborou um mapa sobre cólera da cidade de Leeds, na Inglaterra: o método utilizado foi a sobreposição de informações. O pesquisador inseriu sobre a malha urbana da cidade as informações sobre as diferenças de renda. Em seguida, para registrar a incidência de cólera, utilizou pontos coloridos de diferentes intensidades (Koch, 2009). O resultado final do mapeamento, além de apresentar a densidade de renda da população, identificou áreas que foram classificadas como boas e ruins para a cólera, levando em consideração a taxa de mortalidade (Koch, 2009).

Avançando nas técnicas de mapeamento, mas ainda sobre a cólera, Koch (2009) traz a contribuição de William Farr, que, em 1854, elaborou uma tese de 400 páginas sobre a doença. Farr elaborou um estudo considerado robusto, por utilizar metodologias gráficas e numéricas, adotando dados estatísticos sobre a mortalidade da doença e empregando expressões algébricas para explicar e descrever relações entre a cólera e o meio ambiente. Também se valeu de uma série de tabelas de dados detalhados, que foram trabalhados de forma estatística e cartográfica (Koch, 2009).

> No início do século XIX, os mapeamentos das doenças foram expandidos para os mais variados assuntos, como fatos relacionados à embriaguez ou à prostituição, o que começou a deflagrar uma sociedade complexa e que crescia com velocidade (Koch, 2009).

O século XVIII foi um momento importante para os geógrafos da saúde, já que seus trabalhos iniciaram o processo de investigação das doenças, levando em consideração dados estatísticos e os elementos do meio ambiente.

No início do século XIX, os mapeamentos das doenças foram expandidos para os mais variados assuntos, como fatos relacionados à embriaguez ou à prostituição, o que começou a deflagrar uma sociedade complexa e que crescia com velocidade (Koch, 2009).

No século XX, houve um crescimento nas pesquisas de geógrafos médicos e nos mapeamentos das doenças. Não se pode listar e aprofundar a quantidade de trabalhos elaborados na área, mas, no decorrer desses anos, foi perceptível a mudança nessas pesquisas. Metodologicamente, grande parte das investigações sobre as doenças passou a incorporar dados qualitativos e a apresentar um mapa para a distribuição de fatos. Para isso, os pesquisadores utilizaram entrevistas, grupos focais e observação de eventos a fim de fornecer elementos para uma compreensão mais detalhada de como o lugar afeta a saúde das populações (Rosenberg; Wilson, 2005).

Como uma demanda das sociedades, as tecnologias passaram a ser de uso geral, porém incorporadas nas pesquisas científicas. A seguir, destacaremos aspectos dos sistemas de informação geográfica (SIGs) na coleta e no tratamento de dados sobre as doenças.

6.2 Os sistemas de informação geográfica como ferramenta no mapeamento de doenças

Antes de abordarmos propriamente os SIGs como ferramenta para mapear as doenças, temos de levar em consideração o próprio acesso às ferramentas tecnológicas e o uso do computador de mesa, que, ao longo dos últimos 20 anos, esteve mais acessível às pesquisas científicas e possibilitou a análise de maiores volumes de informações em um período menor de tempo.

Cálculos de taxas de mortalidade, índices de risco, índices com alto nível de confiança eram, geralmente, elaborados por especialistas com acesso a computadores *mainframe*. No entanto, com a informatização e a globalização da informação, os pesquisadores de programas de pós-graduação, por exemplo, passaram a utilizar *desktop* nas universidades e em casa para realizar suas atividades. Além disso, novos *softwares* de mapeamentos democratizaram os meios de mapear, garantindo acesso a resultados sobre as doenças que eram exclusividade dos cartógrafos. As maneiras antigas de mapear, que resultavam em mapas impressos, passaram a ser substituídas por produtos digitais, avançando nas possibilidades de análises multidisciplinares, o que é considerado por Koch (2009) uma revolução no mapeamento das doenças.

As mudanças proporcionadas pelo uso dos recentes computadores e *softwares* de mapeamento estão presentes em pesquisas tradicionais, de ecologia das doenças, de cuidados de saúde, entre outras, que passaram a incluir os SIGs, por meio de GPS (*Global Positioning System*, em português, Sistema de Posicionameno

Global), por exemplo, na obtenção de dados espaciais, complementando-os com tratamento via modelagem estatística espaço-temporal, recurso altamente sofisticado e que aprimorou os resultados dessas pesquisas (Silveira; Jayme, 2014; Grady; Wadhwa, 2015). Sob uma perspectiva mais global da saúde e dos meios de transporte, fluxo de pessoas e mercadorias, as pesquisas receberam estímulos para novas direções de análises, aquelas de conhecimento dos fenômenos humanos, não humanos e materiais que influenciam diretamente nas sociedades globais (Grady; Wadhwa, 2015). Um exemplo de fato que levou à busca de diferentes abordagens foi a epidemia global de ebola.

Outros pesquisadores apresentam argumentos sobre as contribuições dos geógrafos nas pesquisas sobre a saúde das populações, variando entre a geração de modelos estatísticos até o uso de análises de *cluster* e regressão ponderada para elaborar produtos cartográficos com qualidade. De acordo com Dummer (2008), entre os exemplos de aplicação dos SIGs atuais estão as pesquisas sobre monitoramento e modelagem de doenças infecciosas e crônicas, vigilância e detecção de surtos e iniciativas de promoção de saúde. Estudos recentes podem ser considerados inovadores na relação entre espaço construído, modos de vida e práticas de atividades físicas, dietas e problemas relacionados à obesidade (Dummer, 2008). No entanto, alguns geógrafos ainda utilizam abordagens epidemiológicas tradicionais, com mapeamentos baseados em agrupamento e interpolação espacial, mas que também geram importantes resultados sobre as sociedades.

A obtenção de dados de saúde não ocorre por meios remotos e, nesse sentido, constitui-se a primeira etapa na elaboração de mapeamentos de doenças, pois requer o uso de dados secundários, por meio de censos ou de bancos de dados de vigilância epidemiológica (Barcellos, 2003). Vale lembrar que, no Brasil, a obtenção desses dados requer a aprovação em comitês de ética, uma vez que se refere a dados humanos. Para Barcellos (2003, p. 31), a "discretização do espaço em unidades territoriais estanques, formando polígonos, tem sido uma das estratégias mais utilizadas na epidemiologia e principalmente nos chamados 'estudos ecológicos'".

Entre os pesquisadores que mais têm utilizado os SIGs estão aqueles da área de saúde pública, que os utilizam para fins de planejamento municipal, por exemplo. Esses profissionais são responsáveis por mapear atributos urbanos e problematizar sobre as ofertas de serviços de saúde, considerando as características locais e os processos saúde-doença das populações (Bongiolo, 2010, citado por Silveira; Jayme, 2014). Para exemplificar tipos de mapeamentos, Silveira e Jayme (2014) afirmam que os produtos elaborados com a temática da saúde são, geralmente, divididos em dados **cartográficos ou gráficos** (que podem ser a representação pontual de unidades de saúde e os limites dos bairros) e dados **não gráficos** (que se referem a demografia, índice de desenvolvimento humano e renda), os quais, ao serem associados aos SIGs, permitem obter análises de fatos e fenômenos de origem natural e social.

Complementando sobre a utilização de dados não gráficos, existem diversos órgãos brasileiros que disponibilizam informações sobre as populações, como o Instituto Brasileiro de Geografia e Estatística (IBGE) e o Sistema de informações de Nascidos Vivos (Sinasc). Esses órgãos são amplamente correlacionados com os dados de saúde. Os dados ambientais que se relacionam com a qualidade de vida das pessoas podem ser encontrados no Instituto Brasileiro do Meio Ambiente e dos Recursos Naturais Renováveis (Ibama), bem como nos setores responsáveis pelo Sistema de Informação da Febre Amarela e Dengue (Sisfad) (Silveira; Jayme, 2014).

Já os dados de morbidade e mortalidade podem ser atribuídos através dos Sistemas de Informações Hospitalares – SIH, Ambulatoriais – SAI do SUS e Instituto Nacional do Câncer – INCA; dados de mortalidade e Sistema de Informações sobre Mortalidade – SIM e os dados de Serviços de Saúde que descrevem os recursos de saúde e produção de serviços podendo ser adquiridos via Assistência Médico-Sanitária – AMS/IBGE e Cadastro Nacional de Estabelecimentos de Saúde CNES. (Silveira; Jayme, 2014, p. 129)

Existem muitas facilidades no processo de uso dos SIGs para os estudos de saúde, o que possibilita a criação de mapas dinâmicos sobre as mais variadas situações na relação saúde-doença das populações e facilita a obtenção e a maximização dos resultados encontrados (Cuéllar Luna; Gutiérrez Soto, 2014). Vejamos alguns exemplos de atividades que se relacionam com o uso do SIG e as questões de saúde:

> Localização dos eventos de saúde no tempo e no espaço;
> Reconhecimento e monitoramento do comportamento de um evento de saúde e seus fatores de risco em um período de tempo definido;
> Identificação dos padrões de distribuição espacial de fatores de risco e os seus potenciais efeitos na saúde;
> Identificação de áreas geográficas e grupos populacionais com maiores necessidades de saúde e possível resposta a eles, através da integração de múltiplas variáveis;

Avaliação do impacto das intervenções de saúde;
Vigilância e monitoramento da saúde pública;
Pesquisa operacional, geração de hipóteses e novas
áreas de estudo. (Opas, 2012, citado por Cuéllar Luna;
Gutiérrez Soto, 2014, p. 395, tradução nossa)

Apesar de os SIGs oferecerem muitas vantagens para abordar vários eventos de saúde, no entanto, é importante ressaltar que também existem problemas quanto ao seu uso. Barcellos (2003) pontuou alguns deles, que ocorrem no uso do geoprocessamento para os dados de saúde. Por mais que os comentários sejam de 2003, ainda podem ser observáveis atualmente e, muitas vezes, constituem-se desafio metodológico para os pesquisadores.

O primeiro apontamento refere-se à **distribuição espacial** das populações, pois, segundo o autor, ela é definida por aspectos históricos e socioeconômicos. Dessa forma, ao avaliar cenários de riscos para determinadas doenças, é necessário analisar a distribuição das populações afetadas. Barcellos (2003) afirma que é usual o cálculo de indicadores epidemiológicos, baseados na avaliação de risco por meio da agregação das unidades espaciais, demográficas e de saúde. King (1979, citado por Barcellos, 2003) alega que essa técnica pode gerar conflitos, pela fragilidade dos indicadores em pequenas áreas e pela desconsideração de suas interações com as unidades espaciais.

O segundo apontamento diz respeito aos **macrodeterminantes** das doenças (ambientais, sociais ou econômicas) que compõem a paisagem, ou seja, fora do corpo humano. Logo, é necessário aliar os dados de saúde e da população com as características geográficas desses locais para, assim, compreender a dinâmica da doença (Barcellos, 2003).

O terceiro apontamento refere-se à **lógica territorial do SUS**, pois, segundo o autor, os dados são obtidos por níveis hierárquicos e com objetivos administrativos. Portanto, os dados de saúde seguem uma dinâmica de regionalização que atende os diversos níveis da Administração Pública e não são uniformes (Barcellos, 2003).

Assim, a despeito dos benefícios e das críticas ao uso dos SIGs nas pesquisas sobre a saúde das populações, Dummer (2008) acredita que existem desafios técnicos no uso dos SIGs, os quais envolvem o desenvolvimento de *hardware* e *software* direcionados para essas atividades, além dos aspectos éticos, considerando o acesso aos dados pessoais e a privacidade das populações.

Para ilustrar diversas técnicas de mapeamento, exploraremos alguns exemplos de resultados sobre a difusão da dengue no cenário mundial e também no Brasil.

6.3 Mapeamento dos casos de dengue: escalas mundial e nacional

Já discutimos sobre a metodologia de trabalho nos estudos sobre os casos de dengue no Capítulo 3. Agora, passaremos a identificar alguns exemplos de uso dos SIGs no mapeamento dos casos da doença em escalas mundial e local.

O primeiro mapa sobre os casos de dengue selecionado foi o do *site* HealthMap, que apresenta de modo interativo a representação dos casos e o risco para a doença. Confira o Mapa A, que consta na seção Anexos, ao final desta obra.

A novidade nesse mapa *on-line* é que, conforme o usuário aproxima a imagem para determinadas regiões, a escala é atualizada, sendo possível representar mais detalhes. O Mapa B, que consta também na seção Anexos, ao final desta obra, retrata o *zoom* para o Brasil e traz a explicação na legenda.

Além das esferas que indicam o nível de presença da doença, as cores de preenchimento representam as áreas consideradas de risco, variando da escala ausente até a presente. Esse tipo de ferramenta é um exemplo importante do uso dos SIGs no mapeamento da doença. Além do *site*, muitos pesquisadores têm publicado resultados sobre a doença sob variadas escalas e em diversas localidades.

Outro exemplo de mapeamento em escala global foi apresentado por Hay et al. (2013), em trabalho publicado na revista *Royal Society B*, no qual os autores utilizaram os registros de doenças infecciosas no mundo para criar um mapa que representasse essas diferenças em escala mundial. Confira, no Mapa C, que consta na seção Anexos, ao final desta obra, o resultado do trabalho.

Note que, para a confecção dos mapas de letra "a" até "e", foi necessária a interação das variáveis diretamente importantes para cada resultado. O fato de mapear não significa apenas somar variáveis.

Por fim, para demonstrar mais uma aplicação dos SIGs nos mapeamentos, trazemos um exemplo de mapeamento de risco à dengue que leva em consideração os elementos climáticos, importantes para a proliferação do mosquito vetor. Confira, no Mapa D, na seção Anexos, ao final desta obra, o risco ambiental e climático da dengue no Estado do Paraná.

Os mapas consideram os elementos climáticos da semana anterior à confecção do mapa para definir o cenário de risco para a proliferação do mosquito.

Este sistema de alerta diz respeito somente ao monitoramento das condições climáticas no Paraná; o funcionamento do sistema permite identificar a formação de situações atmosféricas favoráveis à reprodução e atuação do *Aedes aegypti* – vetor da dengue, no estado. A análise dos dados meteorológicos permite traçar um perfil climático diário das diferentes regiões paranaenses no que diz respeito à formação de ambientes mais ou menos favoráveis à infestação do mosquito e, portanto, à maior ou menor incidência de casos da doença. (Laboclima, 2017)

O mapa do Sacdengue (Serviço de Alerta Climático da Dengue) é disponibilizado semanalmente no *site* do Laboclima/UFPR (Laboratório de Climatologia da Universidade Federal do Paraná) e também utilizado pela Secretaria Estadual de Saúde do Paraná na elaboração de boletins sobre a dengue.

Esses exemplos foram apresentados para ilustrar como os pesquisadores têm adotado as variáveis socioambientais na geração de produtos utilizados nas mais variadas esferas do planejamento populacional.

Síntese

Neste capítulo, abordamos as técnicas de mapeamento utilizadas a partir do século XVIII, com vistas a demonstrar a evolução desse processo, pois os mapeamentos das análises de fatos relacionados à saúde-doença das populações são evidentes no desenvolvimento das geografias médica e da saúde. Esses mapeamentos, inicialmente, contavam com técnicas estritamente quantitativas para representar os fatos. Com os avanços da tecnologia e a inclusão de outros elementos para análise da complexidade nas relações saúde-doença das populações, os geógrafos passaram a incorporar técnicas qualitativas para maximizar os resultados e apresentar produtos que representem melhor as diferentes realidades.

O uso dos SIGs nesse contexto foi primordial, uma vez que trouxe maior confiabilidade às análises e viabilizou o processamento de grandes volumes de informações relacionadas à saúde. Os pesquisadores Silveira e Jayme (2014) identificaram trabalhos de mapeamentos das doenças em eventos de diferentes áreas da saúde e da geografia. Um exemplo disso consistiu no 16º Simpósio Brasileiro de Sensoriamento Remoto, que, entre seus eixos de discussão, apresentou um exclusivo para a área de saúde.

Dessa forma, ressaltamos a importância dos mapeamentos e como estes sofreram alterações no decorrer da história das doenças e das geografias médica e da saúde.

Por fim, apresentamos alguns exemplos de mapeamentos em diferentes escalas a fim de demonstrar as possibilidades de uso dos SIGs disponíveis *on-line* e publicados com diferentes finalidades.

Indicações culturais

Sites

CDC – Centers for Disease Control and Prevention. Disponível em: <https://www.cdc.gov/>. Acesso em: 25 jul. 2018.

ECDC – European Centre for Disease Prevention and Control. Disponível em: <https://ecdc.europa.eu/en>. Acesso em: 25 jul. 2018.

Trata-se de dois grandes centros de pesquisa que apresentam importantes resultados, incluindo mapeamentos de doenças em escala mundial. Vale a pena conferir suas publicações.

Atividades de autoavaliação

1. Sobre os mapeamentos de doenças do século XVIII, analise as afirmações a seguir.

    I. A principal contribuição sobre o mapeamento de cólera ocorreu com Petermann, médico e professor da escola de medicina de Soho, em Londres.

    II. A febre amarela trouxe problemas de saúde pública nos Estados Unidos, prejudicando as relações comerciais com outros países.

    III. Os estudos de febre amarela foram pioneiros na identificação de doenças transmitidas por vetores. Em Nova Iorque, a doença foi relacionada com a difusão baseada nos mosquitos.

    Agora, assinale a alternativa correta:
    a) Somente as afirmações I e II são verdadeiras.
    b) Somente as afirmações II e III são verdadeiras.
    c) Somente as afirmações I e III são verdadeiras.
    d) Somente a afirmação II é verdadeira.
    e) Todas as afirmações são verdadeiras.

2. Sobre os mapeamentos de doenças anteriores ao século XX, marque V para as afirmações verdadeiras e F para as falsas:

    ( ) As informações sobre as doenças na Antiguidade eram obtidas por meio de mapas diferenciados, os quais eram representados por médicos e outros cidadãos.

    ( ) Uma doença importante foi a febre amarela, que fez muitos registros nos Estados Unidos no século XVIII por ser sexualmente transmitida.

    ( ) Em 1798, Valentine Seaman mapeou um surto de febre amarela em Nova Iorque acreditando que a doença tinha relação com resíduos e odores em determinados locais da cidade (baseado na teoria miasmática).

( ) As doenças em tempos antigos foram mapeadas por diversos tipos de registros, como as pinturas e até mesmo diferentes tipos de mapeamento.

Agora, assinale a alternativa que apresenta a sequência correta:
a) F, V, V, F.
b) F, F, V, V.
c) V, F, V, V.
d) V, V, V, F.
e) F, F, F, V.

3. Com relação aos estudos de John Snow sobre a cólera, analise as afirmações a seguir.

I. O único estudo com resultados importantes para o cenário mundial foi sobre os surtos de cólera relacionados com uma bomba d'água próxima a Broad Street, em Londres.

II. Snow apresentou importantes contribuições para as ciências da saúde mundial, sendo considerado referência para epidemiologistas e geógrafos médicos e da saúde.

III. Diversas foram as contribuições de Snow, que iniciou seus trabalhos sobre a cólera em 1849, mas prosseguiu nos anos seguintes mapeando a doença e produzindo resultados aprimorados.

Agora, assinale a alternativa correta:
a) Somente as afirmações I e II são verdadeiras.
b) Somente as afirmações II e III são verdadeiras.
c) Somente as afirmações I e III são verdadeiras.
d) Somente a afirmação II é verdadeira.
e) Todas as afirmações são verdadeiras.

4. Sobre os SIGs e os estudos de saúde, assinale a alternativa correta:
   a) Apenas os especialistas com acesso aos grandes computadores têm a atribuição de tratar e representar os dados de saúde no mundo.
   b) Os mapeamentos elaborados pelos geógrafos ainda se apresentam inferiores aos elaborados por profissionais das áreas de saúde em virtude das escalas espaciais.
   c) As mudanças proporcionadas pelo uso dos recentes computadores e *softwares* de mapeamento estão presentes em pesquisas tradicionais, de ecologia das doenças e cuidados de saúde, mas também são amplamente utilizadas por geógrafos da saúde no mundo.
   d) Temáticas que envolvem a distribuição das doenças estão sob a tutela dos profissionais de saúde, e os geógrafos as relacionam com aspectos socioambientais e de transporte de pessoas e mercadorias.

5. Sobre as facilidades e dificuldades da aplicação dos SIGs nas investigações de temas relativos à saúde das populações, analise as afirmações a seguir.
   I. Entre as possibilidades de uso dos SIGs em saúde estão a avaliação do impacto das intervenções de saúde, a vigilância, o monitoramento da saúde pública e a pesquisa operacional, com geração de hipóteses e novas áreas de estudo.
   II. Uma dificuldade apresentada pelos autores consiste nos macrodeterminantes das doenças (ambientais, sociais ou econômicos) que compõem a paisagem, ou seja, que estão fora do corpo humano, tornando complexas as análises.
   III. Os pesquisadores indicam que existem desafios técnicos no uso dos SIGs, os quais envolvem o desenvolvimento de

hardware e *software* e os aspectos éticos, considerando o acesso aos dados pessoais e a privacidade das populações.

Agora, assinale a alternativa correta:

a) Somente as afirmações I e II são verdadeiras.
b) Somente as afirmações II e III são verdadeiras.
c) Somente as afirmações I e III são verdadeiras.
d) Somente a afirmação II é verdadeira.
e) Todas as afirmações estão corretas.

Atividades de aprendizagem

Questões para reflexão

1. Qual foi a principal contribuição de John Snow para os mapeamentos das doenças?

2. Quais as dificuldades apresentadas sobre o uso dos SIGs e os mapeamentos das doenças?

Atividades aplicada: prática

1. Pesquise algum tipo de mapeamento de doença elaborado sobre sua cidade ou região e explique os métodos utilizados pelos autores.

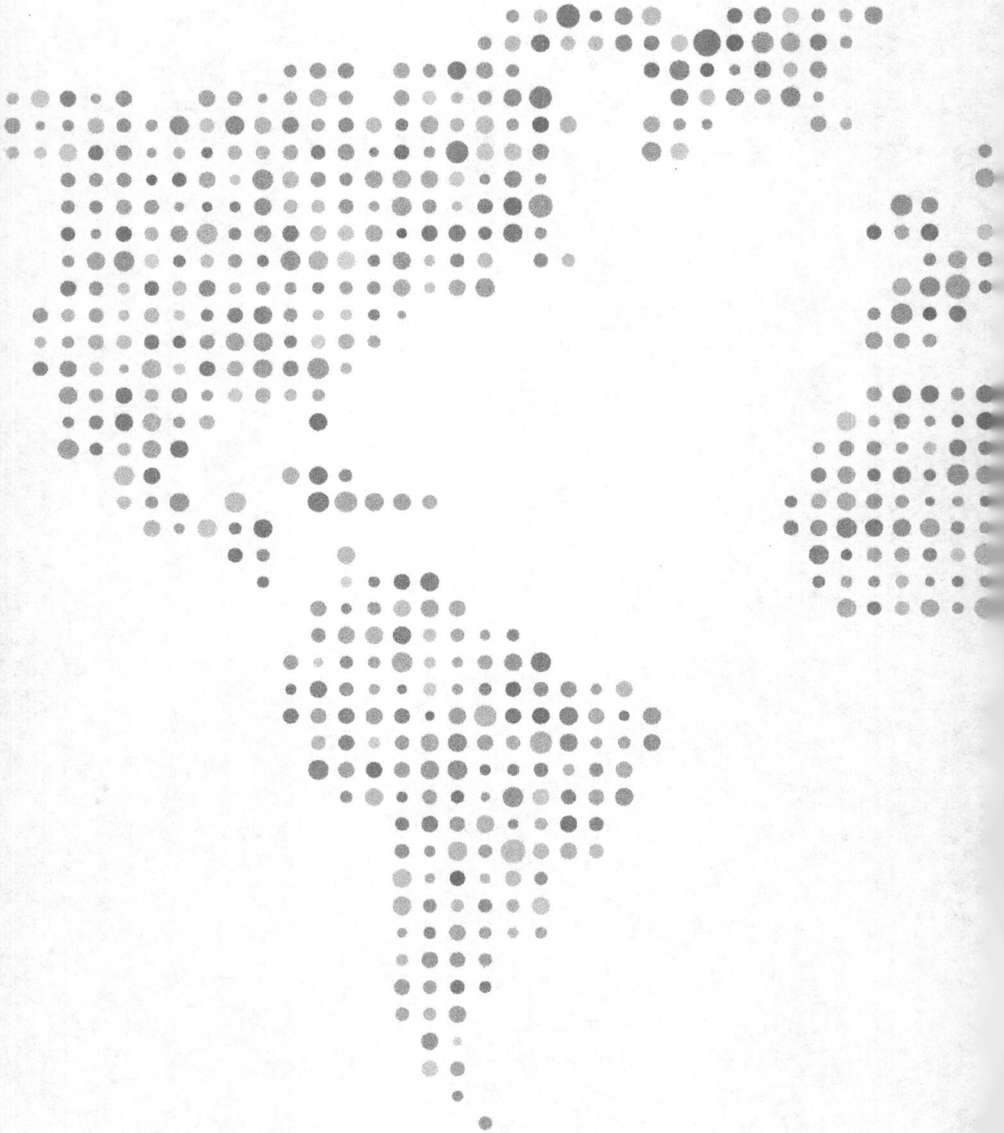

7

A geografia da saúde na academia e no ensino básico: primeiras aproximações

As ciências estão em constante movimento e adaptando-se conforme as demandas sociais. Nesse sentido, a geografia e os estudos sobre saúde-doença das populações também foram se alterando, evoluindo e diversificando.

Ainda como ciência em construção, a geografia da saúde não conta com conteúdo específico nos ensinos fundamental e médio. Diante desse fato, passaremos a analisar a relação entre os materiais didáticos e os assuntos trabalhados no ensino infantil do país, com vistas a trazer à luz os desafios que a saúde-doença impõe ao ensino.

7.1 A geografia da saúde no ambiente acadêmico

Como vimos até o momento, a geografia da saúde ainda é uma ciência em desenvolvimento no Brasil, mas tem incorporado discussões internacionais e vem se fortalecendo. No entanto, são poucos grupos de pesquisadores que se dedicam a estudá-la. Sobre isso, Vaz e Remoaldo (2011, p. 185) questionam:

> Será que os geógrafos têm alguma incapacidade em lidar com os termos técnicos médicos usados nos estudos de saúde? Ou será porque se trata de uma abordagem, para a qual muitos têm opinado e poucos conseguem encontrar soluções, como é o caso da acessibilidade aos cuidados de saúde e a eficiência do Sistema Único de Saúde (SUS)? E onde está a

participação activa da população nos órgãos de planeamento e gestão de serviços em saúde?

Essas questões não podem ser respondidas, pois são de grande complexidade, mas servem para refletirmos sobre o cenário e os caminhos da geografia da saúde. Refletindo sobre sua metodologia de aplicação como disciplina do ensino superior, Curtis e Riva (2010, citados por Grady; Wadhwa, 2015) clamam por uma disciplina construída com base também na teoria da complexidade, por entender que as relações entre saúde e doença das populações não se comportam de forma linear e recursiva. As abordagens podem incorporar e complementar paradigmas e marcos teóricos alternativos, visto que as metodologias atuais reforçam o debate sobre atitudes e estruturas dicotômicas *versus* a composição da própria ciência, refletindo em contextos multifacetados relacionados ao lugar.

O conceito de lugar esteve presente nos estudos sobre locais e saúde, com interface entre os cuidados de saúde e as geografias cultural e social no decorrer dos anos. No entanto, houve considerável discordância sobre a expansão de seu uso vinculado à geografia médica tradicional ou como representação de novos campos de estudo, que muitas vezes passaram a ser caracterizados como geografia da saúde (King, 2010). Essa definição de *lugar* esteve em ampla discussão na transição da geografia médica para a da saúde e também na própria geografia médica reformulada, mais atual. Esse fato, realçado por Kearns (1993, citado por King, 2010), é representado pela intenção de expansão dos estudos de saúde para apreciar o bem-estar pessoal. Além disso, revela um esforço para indicar que o conceito de lugar sempre esteve presente nos estudos de geografia médica, particularmente vinculado à ecologia das doenças. Mayer e Meade (1994, citados por King, 2010) salientam que os estudos sobre as doenças estão fortemente relacionados à noção de lugar, pelo fato de que a ecologia das doenças idealiza que os *habitats* de vetores e os processos de adaptação humana ajudam a caracterizar o lugar.

Nas últimas décadas, reforçado pela Organização Mundial da Saúde (OMS), ocorreu o aumento da discussão sobre **desenvolvimento sustentável**, ganhando destaque as questões de saúde e meio ambiente e a necessidade de aprofundamento sobre as relações entre o homem, os processos de desenvolvimento e os impactos na natureza. No entanto, ao contrário das práticas da geografia médica tradicional, atualmente se vê a necessidade de evidenciar aspectos da **globalização** e das facilidades das trocas entre as fronteiras, intensificando os fluxos e tornando complexo o controle de várias doenças (Mendonça; Araújo; Fogaça, 2014).

No **Canadá**, é possível identificar o aumento de geógrafos de saúde em cursos de nível superior do país, o que é apresentado por Luginaah (2009) como resultado da tendência global de inclusão desses profissionais nas agendas de saúde. No entanto, esse autor prossegue com questionamentos importantes sobre a disciplina de Geografia da Saúde e como ela pode ser utilizada para identificar, classificar e reduzir os riscos à saúde da população levando em consideração as desigualdades socioambientais (Luginaah, 2009). Para tentar responder a essa problemática, Luginaah (2009) menciona o desafio persistente em encontrar maneiras de compreender a natureza multifacetada na consolidação das doenças, sua emergência e re-emergência e o considerável aumento de epidemias, como as gripes e a Aids.

Outro aspecto relevante no Canadá, descrito por Luginaah (2009), refere-se às áreas rurais, pois a diversidade de paisagens e os arranjos espaciais tornam a análise das doenças um desafio aos geógrafos da saúde, em virtude das dificuldades de acesso aos serviços de saúde, por exemplo. De acordo com o autor, os cidadãos canadenses, independentemente de onde vivem, devem ter acesso aos serviços de saúde, o que revela a importância da geografia na determinação dos aspectos sobre a saúde dessas populações. Nesse sentido, é preciso um melhor engajamento dos geógrafos em setores administrativos e de gestão populacional, prevendo a criação de mecanismos que diminuam as distâncias entre os grandes centros urbanos e as periferias geográficas, representadas pelas comunidades rurais (Luginaah, 2009).

Passando para aspectos da geografia da saúde no **Reino Unido**, Dunn (2013) traz importantes constatações mediante a análise da participação dos geógrafos no Simpósio Internacional de Geografia Médica, realizado na Universidade de Durham, em 2011. Depois de mais de 25 anos de conferências realizadas no Reino Unido, a reunião de Durham deu enfoque para as discussões sobre as geografias médica e de saúde, oferecendo apresentações que analisaram a evolução da geografia da saúde acadêmica desde o primeiro encontro, ocorrido em 1985. Durante o evento, foram apresentados resultados de variados trabalhos sobre a temática da saúde no país, porém, com ênfase na inclusão de mais participantes, como pesquisadores oriundos da Austrália, da Nova Zelândia, da Ásia e até mesmo da Europa continental. Dos trabalhos apresentados, o autor ressalta a predominância de estudos que envolvem países do Hemisfério Norte, demonstrando a necessidade de incentivo aos pesquisadores do Hemisfério Sul (Dunn, 2013).

Entre as temáticas dos trabalhos apresentados em Durham, grande quantidade de pesquisadores estava voltada a estudar sobre a saúde e o bem-estar de povos indígenas. Outros temas de relevância consistiram em analisar aspectos do mercado de trabalho, alimentação, mobilidade e justiça ambiental relacionados à saúde das populações, demonstrando a crescente preocupação dos geógrafos sobre essas temáticas (Dunn, 2013).

Sobre **Cuba**, Cuéllar Luna e Gutiérrez Soto (2014) apresentam as contribuições dos geógrafos da saúde para o país. É possível constatar a disseminação dos geógrafos nos estudos sobre a saúde dos cubanos por meio de mapeamentos de doenças e sua relação com os lugares. No entanto, após a reestruturação do Ministério da Saúde Pública, os geógrafos perderam espaço nos centros de higiene e epidemiologia provincial e municipal do país, mas suas conquistas ainda permanecem presentes nas pesquisas sobre a vigilância epidemiológica e a disseminação de doenças (Cuéllar Luna; Gutiérrez Soto, 2014). De acordo com os autores, o Instituto e a Faculdade de Geografia do Centro de Estudos de Saúde e Bem-Estar Humano na Universidade de Havana e o Instituto de Meteorologia têm apresentado importantes resultados sobre a temática da geografia da saúde desde o ano de 2005, e os acadêmicos do curso de Medicina da Escola Latino-Americana têm a disciplina Geografia Médica como requisito obrigatório na grade do curso.

A atuação dos geógrafos da saúde em Cuba também se fez importante devido ao cenário atual da disseminação de importantes epidemias, como dengue, H1N1, cólera etc. Desse modo, eles puderam atuar em unidades do sistema de vigilância em saúde fornecendo contribuições para diagnosticar os ambientes favoráveis à disseminação das doenças (Cuéllar Luna; Gutiérrez Soto, 2014).

Apresentando os desafios apontados pelos pesquisadores, sobretudo pelo desequilíbrio dos investimentos nos serviços de saúde, Guimarães (2010) argumenta que, em pesquisa realizada pelo Global Forum for Health Research, o *gap* 10/90, foram evidenciadas as relações entre os ricos e os pobres, os desenvolvidos e os em desenvolvimento, bem como o impacto na dispersão de recursos para a saúde. Segundo a pesquisa,

90% dos investimentos em pesquisa em saúde estão direcionados àquelas patologias que afetam 10% da população mundial. As doenças prevalentes em países de baixa renda, ou as negligenciadas, são virtualmente esquecidas nos portfólios de investimentos de Pesquisa e Desenvolvimento (P&D) das grandes indústrias farmacêuticas. (Guimarães, 2010, p. 6)

Pensando no **Brasil**, Guimarães (2010) ressalta que é visível as diferenciações de investimento em pesquisa científica. Por exemplo, a Região Sul, que apresenta melhores perfis epidemiológicos, contraditoriamente, recebe maiores investimentos em pesquisas sobre saúde.

Há uma crescente vertente de publicações de pesquisas que envolvem economia e saúde no Brasil. Esse fato é apresentado por Vaz e Remoaldo (2011), que, ao problematizarem sobre a geografia da saúde no país, relataram a presença de estudos centrados em análises sobre esperança de vida, fecundidade, tipologias socioeconômicas, que interferem diretamente no acesso aos serviços de saúde, e desigualdades sociais, que figuram como condicionantes dos mais variados problemas nos estudos populacionais, presentes, sobretudo, em publicações da Associação Brasileira de Estudos Populacionais (Abep). Outra contribuição aos assuntos referentes à economia da saúde é a do Centro de Desenvolvimento de Planejamento Regional (Cedeplar), da Universidade Federal de Minas Gerais (UFMG), com apresentação de resultados de pesquisas de mestrado e de doutorado (Vaz; Remoaldo, 2011).

Para Mendonça, Araújo e Fogaça (2014), no Brasil, é possível identificar a predominância de pesquisas voltadas aos serviços públicos de saúde, bem como uma perspectiva biomédica (de caráter da tradicional geografia médica) no processo saúde-doença, fortalecendo a necessidade de investimento em pesquisas que evidenciem também as heterogeneidades brasileiras, as riquezas histórico-culturais e o uso amplo de tratamentos alternativos por todo o país.

7.2 A saúde nas diretrizes curriculares nacionais: um tema transversal

A Geografia da Saúde não é consolidada como disciplina obrigatória nos cursos de nível superior do país e, em sua maioria, aparece em caráter optativo. Nas diretrizes e nos Parâmetros Curriculares Nacionais (PCN), a saúde apresenta-se como um tema transversal, que deverá ser retratado em todas as disciplinas, de maneira integradora e consoante as urgências locais. Os eixos temáticos dividem-se em: saúde, ética, pluralidade cultural, meio ambiente, orientação sexual, trabalho e consumo (Brasil, 1998).

Nos PCN para o curso de Geografia (Brasil, 1998, p. 47), a preocupação com os temas relacionados à saúde dos brasileiros consta no subtema "Saúde", demonstrando a contradição no país: "Por um lado, os padrões de saúde no Brasil são aceitáveis, dentro dos critérios apresentados pela Organização Mundial de Saúde. Por outro, há estatísticas alarmantes quanto aos índices da fome, da subnutrição e da mortalidade infantil em várias regiões do país". No entanto, o tema *saúde* aparece de maneira indireta nos conteúdos de Geografia, visto que a geografia da saúde é incipiente nos cursos de nível superior e, dessa forma, não se apresenta fortalecida no ensino básico.

Porém, os PCN de Geografia destacaram a importância da saúde, apresentando conteúdos que se ligam diretamente com os estudos geográficos, como "os levantamentos de saneamento básico e condições de trabalho e o estudo dos elementos que compõem a dieta básica, os tipos de agricultura, as desigualdades sociais nas cidades, a favelização" (Brasil, 1998, p. 47).

Apesar dessas dificuldades e da falta de delimitação da geografia da saúde no ensino básico, passaremos a analisar alguns materiais na sequência.

7.2.1 A geografia da saúde no ensino básico: possibilidades

Depois de demostrarmos a importância das questões de saúde-doença nas sociedades, verificaremos como ela é tratada nos ensinos fundamental e médio, momento em que se inicia o processo de cidadania.

Como o tema *saúde* no ensino básico ainda é pouco explorado pelos geógrafos brasileiros, assim como sua relação com a geografia da saúde, identificaremos de forma introdutória os resultados publicados. Em pesquisa realizada por Braga (2015), foram entrevistados 204 professores de Geografia do ensino médio na cidade de Curitiba, os quais foram indagados sobre a ciência geografia da saúde. O pesquisador, ao questionar o conhecimento sobre o assunto, evidenciou que 35% dos docentes relataram algum conhecimento, 32% disseram conhecê-lo parcialmente e o restante, 33%, relatou desconhecer a geografia da saúde, demonstrando a fragilidade do assunto no ensino local.

Prosseguindo, Braga (2015) questionou sobre o tema transversal *saúde* e sua aplicação em sala de aula, constatando que 69% dos professores entrevistados discutem aspectos da saúde relacionados com a qualidade de vida e o contexto político nacional.

Além disso, um fato importante refere-se ao Programa Saúde na Escola (PSE), preconizado pelo governo federal e que é desconhecido para 62% dos professores.

Esses resultados foram trazidos para uma introdução do ensino de geografia da saúde no ensino básico, tendo em vista também a não especificidade do assunto nos PCN, o que torna complexa a análise sobre o assunto.

Com relação aos livros didáticos indicados para as disciplinas do ensino básico e que constam no Programa Nacional do Livro Didático (PNLD), no documento referente à disciplina de Geografia há uma lista de possíveis autores e coleções para que os professores da rede pública possam analisá-los e escolher o que será trabalhado em cada escola (Brasil, 2016). De posse dessa listagem, as escolas escolheram as coleções que serão utilizadas até 2019.

Para essa pesquisa, foram concedidas pela Secretaria Municipal de Educação de Curitiba duas coleções: "Para Viver Juntos" (Sampaio, 2015; Sampaio; Medeiros, 2015a, 2015b, 2015c) e "Vontade de saber Geografia" (Torrezani, 2015a, 2015b, 2015c, 2015d), para o 6º e o 9º ano do ensino fundamental II.

O objetivo aqui foi identificar os assuntos sobre saúde e doenças e como foram trabalhados nesses materiais, para, assim, obtermos uma visão inicial e refletirmos sobre a geografia da saúde no ensino básico. Apresentamos a ocorrência dos termos nas tabelas 7.1, 7.2, 7.3 e 7.4, a seguir.

Tabela 7.1 – Distribuição quantitativa do termo *saúde* nos livros da coleção "Para viver juntos"

Para viver juntos – Termo: SAÚDE					
Ano	Registros descritivos	Políticas públicas	Meio ambiente	Outros	Total
6	1		1		**2**
7	2	8		3	**13**
8	4	13			**17**
9		5			**5**
Total	7	26	1	3	**37**

Fonte: Elaborado com base em Sampaio, 2015; Sampaio; Medeiros, 2015a, 2015b, 2015c.

Tabela 7.2 – Distribuição quantitativa do termo *doença* nos livros da coleção "Para viver juntos"

Para viver juntos – Termo: DOENÇA					
Ano	Registros descritivos	Políticas públicas	Meio ambiente	Outros	Total
6					**0**
7	2	1			**3**
8	2				**2**
9	1				**1**
Total	5	1	0	0	**6**

Fonte: Elaborado com base em Sampaio, 2015; Sampaio; Medeiros, 2015a, 2015b, 2015c.

Com base nos dados apresentados, podemos constatar o número inexpressivo de discussões que se relacionam com a saúde, com apenas 37 casos para o termo *saúde* na coleção de quatro livros. Os sete termos classificados como "registros descritivos" ocorreram com os assuntos *poluição do ar* (6º e 7º anos) e *imigração e discriminação das populações* (no 8º ano).

Ocorreram 26 registros classificados como "políticas públicas". Geralmente essas discussões apareceram mais bem elaboradas quando apresentaram problemáticas sobre acessibilidade aos serviços de saúde e críticas aos modelos políticos que deverão investir mais nos serviços de saúde. Um exemplo apresentado no livro do 7º ano foi a discussão sobre o tratamento de câncer no Brasil e sua relação com o Sistema Único de Saúde (SUS).

O livro do 6º ano apresentou conteúdos de geografia física e aspectos naturais da paisagem. O único registro sobre *saúde* se relacionou com aspectos naturais da paisagem influenciando na vida das populações. Na classificação "outros", foram identificados apenas três registros no livro do 7º ano que relacionaram a ciência com a evolução na medicina e o desenvolvimento de vacinas.

Já quanto aos registros do termo *doença*, observou-se apenas seis deles, em sua maioria (cinco) em registros descritivos de algumas doenças, como a Aids na África, por exemplo. Na classificação "políticas públicas", foi encontrado apenas um registro no 7º ano, que se refere à discussão sobre gestão e necessidade de saneamento básico.

Tabela 7.3 - Distribuição quantitativa do termo *saúde* nos livros da coleção "Vontade de saber Geografia"

Vontade de saber geografia – Termo: SAÚDE					
Ano	Registros descritivos	Políticas públicas	Meio ambiente	Outros	Total
6	2	1			3
7	2	9			11
8		16			16
9	2	7		5	14
Total	6	33	0	5	44

Fonte: Elaborado com base em Torrezani, 2015a, 2015b, 2015c, 2015d.

Tabela 7.4 – Distribuição quantitativa do termo *doença* nos livros da coleção "Vontade de saber Geografia"

Vontade de saber geografia – Termo: DOENÇA					
Ano	Registro descritivos	Políticas públicas	Meio ambiente	Outros	Total
6	4				4
7	7	1			8
8	5				5
9					0
Total	16	1	0	0	17

Fonte: Elaborado com base em Torrezani, 2015a, 2015b, 2015c, 2015d.

Assim como a coleção anterior, ocorreram poucos registros nessa coleção relacionados ao contexto da saúde. Os registros descritivos trataram de assuntos sobre a importância da alimentação na manutenção da saúde e o descarte de lixo etc., porém apenas como relação descritiva dos fatos. Os maiores registros estão classificados como "políticas públicas" e aparecem nos livros que destacam as regionalizações do Brasil e do mundo. Verificamos que, no 6º ano, apareceu apenas uma vez o termo *doença*, quando da abordagem do conteúdo das paisagens naturais, o que não é suficiente para justificar a ausência dessas discussões. No 8º ano, esses termos apareceram com maior ênfase, tratando de assuntos como assistência, acessibilidade e serviços de saúde e a problemática da fome no mundo.

Na classificação "outros", ocorreram apenas cinco registros, no livro do 9º ano, retratando, por exemplo, assuntos sobre os avanços tecnológicos e a internet relacionados às questões de saúde e ao acesso à informação.

Quanto aos registros do termo *doença*, observou-se que, em sua maioria, relacionavam-se com passagens descritivas, sem maior problematização. No 6º ano, os registros ocorreram quando da abordagem dos problemas da poluição. Por sua vez, no 7º ano, os registros foram relacionados aos temas de doenças respiratórias e à questão do indígena e da colonização do Brasil. No 8º ano, foi enfatizada a questão do vírus ebola no mundo e da Aids na África, assim como na coleção anterior. Embora existam muitas outras doenças que poderiam ser retratadas nos continentes, foi dada ênfase apenas para a Aids e seu surgimento na África.

Em pesquisa similar com livros do ensino médio, Braga (2015) constatou que o tema *saúde* também foi colocado como secundário e, às vezes, inexistente, com a predominância de assuntos sobre geografia da população, ambiental e urbana.

Esses fatos ilustram e denotam um grave problema estrutural nos materiais preconizados pelo Ministério da Educação (MEC) e divulgados em escala nacional. Eles deflagram um problema para todo o país, fortalecendo ainda mais a necessidade de pesquisa e da atuação dos geógrafos da saúde no ensino, tendo em vista que nenhuma sociedade existe e se desenvolve sem a preocupação com aspectos da saúde das populações.

Síntese

Neste capítulo, apresentamos a problemática da geografia da saúde e sua relação com a pesquisa científica nos países, demonstrando particularidades regionais e diferentes aplicações na gestão local.

Evidenciamos particularidades das pesquisas em geografia da saúde em diferentes regiões do planeta, que, no entanto, foram apenas exemplos pontuais. Existe uma infinidade de aplicações utilizadas pelos geógrafos e que remetem ao contexto da geografia médica tradicional, bem como daquelas caracterizadas como renovadas e da geografia da saúde, sobretudo nos países latinos.

Cada localidade apresenta diferentes necessidades, o que evidencia a demanda por maior inclusão dos geógrafos da saúde na gestão dos territórios e, consequentemente, o crescimento dessa ciência como disciplina dos cursos de ensino superior.

Analisamos também o contexto do ensino de geografia e sua relação com os assuntos sobre saúde, com fundamento, principalmente, nos PCN brasileiros.

Ao tratarmos dos ensinos fundamental e médio no Brasil, constatamos que o cenário é preocupante. Apesar de na história das civilizações a saúde sempre representar um fator determinante, com relação ao ensino ela ocupa um posto secundário e os docentes não estão preparados para fazer a integração dos temas.

Por fim, nossa intenção foi apresentar um contexto geral, com vistas a demonstrar que existem muitos caminhos para os geógrafos da saúde e que os espaços para sua efetivação na ciência e na sociedade precisam ser conquistados.

Indicações culturais

Revistas

GEOGRAFIA ENSINO & PESQUISA. Disponível em: <https://periodicos.ufsm.br/geografia>. Acesso em: 24 jul. 2018.

HYGEIA – REVISTA BRASILEIRA DE GEOGRAFIA MÉDICA E DA SAÚDE. Disponível em: <http://www.seer.ufu.br/index.php/hygeia/index>. Acesso em: 24 jul. 2018.

REVISTA BRASILEIRA DE EDUCAÇÃO EM GEOGRAFIA. Disponível em: <http://www.revistaedugeo.com.br/ojs/index.php/revistaedugeo>. Acesso em: 24 jul. 2018.

REVISTA DE ENSINO DE GEOGRAFIA. Disponível em: <http://www.revistaensinogeografia.ig.ufu.br/>. Acesso em: 24 jul. 2018.

Revistas brasileiras que tratam sobre pesquisa e ensino de geografia com temas voltados à saúde.

Atividades de autoavaliação

1. Sobre o ensino de geografia da saúde no ambiente acadêmico, analise as afirmações a seguir.
   I. A geografia da saúde tem se expandido rapidamente pelo território brasileiro, sendo incorporada à grade curricular básica em todos os cursos de ensino superior.
   II. Mesmo com importância em âmbito internacional, há poucos geógrafos que procuram estudar aspectos da saúde das populações brasileiras.
   III. Os geógrafos brasileiros têm se mostrado interessados nos assuntos de saúde e, dessa forma, desvendado aspectos dos termos técnicos utilizados nas ciências da saúde.

   Agora, assinale a alternativa correta:
   a) Somente as afirmações I e II são verdadeiras.
   b) Somente as afirmações II e III são verdadeiras.
   c) Somente as afirmações I e III são verdadeiras.
   d) Somente a afirmação II é verdadeira.
   e) Todas as afirmações são verdadeiras.

2. Sobre a geografia da saúde nas produções científicas internacionais, analise as assertivas a seguir e marque V para as verdadeiras e F para as falsas.
   ( ) No Canadá, as áreas rurais se apresentam como desafio aos pesquisadores, em razão da diversidade de paisagens, dos arranjos espaciais e das dificuldades de acesso aos serviços de saúde.

( ) Mesmo com poucos registros de H1N1 e dengue em Cuba, os pesquisadores do país têm produzido importantes resultados no mapeamento dessas doenças.

( ) No Canadá, é possível identificar o aumento de geógrafos da saúde em cursos de nível superior do país, como resultado da tendência global à inclusão dos geógrafos nas agendas de saúde.

( ) Em Cuba, é possível constatar a disseminação dos geógrafos nos estudos sobre a saúde por meio de mapeamentos de doenças e sua relação com os lugares.

Agora, assinale a alternativa que apresenta a sequência correta:
a) F, V, V, F.
b) F, F, V, V.
c) V, F, V, V.
d) V, V, V, F.
e) F, F, F, V.

3. Sobre a saúde no ensino básico do Brasil, analise as afirmações a seguir.

I. Os temas sobre saúde estão amplamente divulgados nas diretrizes curriculares nacionais para o ensino de geografia e têm temáticas de destaque.

II. Os temas transversais preconizam a discussão sobre a saúde em todas as disciplinas do ensino básico, relacionando-se com os conteúdos gerais e com a necessidade de cada população.

III. Mesmo não contemplando assuntos diretamente relacionados à geografia da saúde, os PCN de geografia têm conteúdos que os relacionam de forma indireta, como saneamento básico.

Agora, assinale a alternativa correta:
a) Somente as afirmações I e II são verdadeiras.
b) Somente as afirmações II e III são verdadeiras.
c) Somente as afirmações I e III são verdadeiras.
d) Somente a afirmação II é verdadeira.
e) Todas as afirmações são verdadeiras.

4. Sobre a geografia da saúde no ambiente acadêmico, analise as afirmações a seguir.

   I. As pesquisas sobre a acessibilidade aos serviços de saúde no Brasil têm apresentado resultados para entender a dinâmica do próprio SUS e as possíveis soluções para os principais problemas do país.

   II. As pesquisas sobre geografia da saúde apresentam-se com uma metodologia diferenciada (questionando métodos tradicionais, por exemplo), considerando a complexidade dos fatos e as características de cada localidade estudada.

   III. O conceito de lugar nas pesquisas em geografia da saúde esteve ligado aos assuntos de geografias cultural e social e com os cuidados de saúde, uma vez que relacionava características do modo de vida com as especificidades de cada localidade.

Agora, assinale a alternativa correta:
a) Somente as afirmações I e II são verdadeiras.
b) Somente as afirmações II e III são verdadeiras.
c) Somente as afirmações I e III são verdadeiras.
d) Somente a afirmação II é verdadeira.
e) Todas as afirmações são verdadeiras.

5. Sobre as perspectivas de trabalho com a geografia da saúde na atualidade, analise as informações a seguir.

I. As discussões atuais mediadas pelo conceito de sustentabilidade trouxeram à tona a preocupação com a saúde das populações e sua relação com o consumo de recursos naturais.

II. As discussões sobre a ecologia das doenças aparecem ligadas ao conceito de lugar, tendo em vista o processo de adaptação que o homem executa no ambiente, afetando diretamente os hábitats de vetores das doenças.

III. As práticas da geografia médica tradicional ainda estão presentes nos estudos de saúde, uma vez que incorporam discussões sobre a globalização e o fluxo de pessoas pelas fronteiras e a disseminação das doenças.

Agora, assinale a alternativa correta:

a) Somente as afirmações I e II são verdadeiras.
b) Somente as afirmações II e III são verdadeiras.
c) Somente as afirmações I e III são verdadeiras.
d) Somente a afirmação III é verdadeira.
e) Todas as afirmações são verdadeiras.

Atividades de aprendizagem

Questões para reflexão

1. Como são apresentados os conteúdos sobre a saúde-doença das populações nos PCN de geografia?

2. Quais os principais resultados da pesquisa sobre os materiais didáticos utilizados em Curitiba?

Atividade aplicada: prática

1. Pesquise em materiais didáticos utilizados em sua cidade como são apresentados os conteúdos referentes à saúde-doença das populações.

Considerações finais

Ao final desta obra, podemos fazer várias constatações. A primeira refere-se ao contexto histórico dos registros das doenças e como este é primordial para o entendimento dos processos que ocorrem atualmente. Muito do que foi produzido na Antiguidade está enraizado nas práticas atuais e se faz presente na atualidade.

Por conseguinte, há o papel da geografia e a configuração das duas ciências – geografia médica e geografia da saúde – com suas características distintas e que foram marcando territorialidades e alcançando os pesquisadores preocupados com o planejamento e a manutenção da vida em sociedade.

É necessário frisar que a saúde é tema universal e muitas áreas do saber desenvolvem conhecimentos acerca da problemática da cura e do enfretamento das epidemias. Ainda, a globalização e os avanços no transporte de pessoas e mercadorias deflagraram um cenário de risco mundial para severas epidemias e doenças que até então não eram conhecidas, causando pânico por onde passavam, tornando a problemática de interesse dos profissionais de saúde.

Nesse cenário de possibilidades, os geógrafos da saúde são importantes na medida em que analisam, além dos registros de doenças e sua espacialidade, a efetivação dos serviços de saúde, que também são responsáveis por dinamizar as sociedades, ao passo que o não acesso a eles implica criar alternativas para o enfrentamento de diversas doenças. Nesse contexto, surgiu a medicina complementar e alternativa (CAM), mais evidente nos países desenvolvidos e em populações de melhor renda, e os tratamentos alternativos, que se baseiam nos aspectos histórico-culturais, como o caso das benzedeiras brasileiras.

São variados os contextos de interesse aos geógrafos da saúde e há uma infinidade de aplicação de seus estudos. No entanto, essa ciência ainda se apresenta incipiente, necessitando de maiores investimentos no ensino superior e em pesquisa científica, para tornar mais evidente a importância desses estudos.

Ao analisar os materiais do ensino fundamental, identificamos a fragilidade na discussão sobre a saúde-doença das populações, que, como tema universal, deveria ser mais bem abordada, ao passo que nenhuma civilização sobrevive com a mínima manutenção da saúde de seus povos.

Por fim, temos a certeza de que os conteúdos aqui tratados podem ser aprimorados em cada particularidade, mas acreditamos que são suficientes para despertar o conhecimento sobre a geografia da saúde neste momento, com a esperança de cativar mais pesquisadores para aprofundar futuramente cada temática apresentada.

Referências

ALVES, N. C. **"O outro na cidade"**: deficiência, acessibilidade e saúde em Presidente Prudente – SP. 149 f. Tese (Doutorado em Geografia) – Universidade Estadual Paulista "Júlio de Mesquita Filho", Presidente Prudente, 2015. Disponível em: <https://repositorio.unesp.br/bitstream/handle/11449/127928/000843817.pdf?sequence=1&isAllowed=y>. Acesso em: 2 ago. 2018.

AMARAL, F. L. J. dos S. et al. Fatores associados com a dificuldade no acesso de idosos com deficiência aos serviços de saúde. **Revista Ciência & Saúde Coletiva**, v. 17, n. 11, p. 2991-3001, 2012. Disponível em: <http://www.scielo.br/pdf/csc/v17n11/v17n11a15.pdf>. Acesso em: 25 jul. 2018.

AQUINO JUNIOR, J. **A dengue na área urbana contínua de Maringá/PR:** uma abordagem socioambiental da epidemia de 2006/07. 190 f. Dissertação (Mestrado em Geografia) – Universidade Federal do Paraná, Curitiba, 2010. Disponível em: <https://acervodigital.ufpr.br/bitstream/handle/1884/26063/Dissertacao%20VERSAO%20FINAL%20-%20Aquino%20Junior%2c%20J.pdf?sequence=1&isAllowed=y>. Acesso em: 25 jul. 2018.

ARAÚJO, F. L. de. Representações de doença e cura no contexto da prática popular da medicina: estudo de caso sobre uma benzedeira. **CAOS – Revista Eletrônica de Ciências Sociais**, n. 18, p. 81-97, set. 2011.

AUGUSTO, L. G. da S. Saúde e vigilância ambiental: um tema em construção. **Epidemiologia e Serviços de Saúde**, Brasília, v. 12, n. 4, p. 177-187, out./dez. 2003. Disponível em: <http://bvsms.saude.gov.br/bvs/periodicos/rev_epi_vol12_n4.pdf>. Acesso em: 25 jul. 2018.

AYOADE, J. O. **Introdução à climatologia para os trópicos**. 8. ed. Rio de Janeiro: Bertrand Brasil, 2002.

BACKES, M. T. S. et al. Conceitos de saúde e doença ao longo da história sob o olhar epidemiológico e antropológico. **Revista de Enfermagem: UERJ**, Rio de Janeiro, v. 17, n. 1, p. 111-117, jan./mar. 2009. Disponível em: <http://www.facenf.uerj.br/v17n1/v17n1a21.pdf>. Acesso em: 25 jul. 2018.

BAPTISTA, T. W. de F. História das políticas de saúde no Brasil: a trajetória do direito à saúde. In: MATTA, G. C.; PONTES, A. L. de

M. (Org.). **Políticas de saúde**: organização e operacionalização do Sistema Único de Saúde. Rio de Janeiro: EPSJV/Fiocruz, 2007. p. 29-60.

BARBOSA, I. R. et al. Desigualdades socioespaciais na distribuição da mortalidade por câncer no Brasil. **Revista Hygeia**, v. 12, n. 23, p. 122-132, dez. 2016. Disponível em: <http://www.seer.ufu.br/index.php/hygeia/article/viewFile/32852/19488>. Acesso em: 25 jul. 2018.

BARCELLOS, C. A saúde nos sistemas de informação geográfica: apenas uma camada a mais? **Caderno Prudentino de Geografia**, Presidente Prudente, n. 25, p. 29-43, 2003.

BATISTELLA, C. Saúde, doença e cuidado: complexidade teórica e necessidade histórica. In: FONSECA, A. F.; CORBO, A. M. D'A. (Org.). **O território e o processo saúde-doença**. Rio de Janeiro: EPSJV/Fiocruz, 2007. p. 25-50. Disponível em: <http://www.epsjv.fiocruz.br/sites/default/files/l24.pdf>. Acesso em: 25 jul. 2018.

BERGER, C. Lifestyle Changes that Improve Mental Health. In: STRADFORD, D. et al. (Org.). **The Flying Publisher Guide to Complementary and Alternative Medicine Treatments in Psychiatry**. Flying Publisher & Kamps, 2012. p. 37-44.

BIGGS, R. D. Medicine, Surgery, and Public Health in Ancient Mesopotamia. **Journal of Assyrian Academic Studies**, v. 19, n. 1, 2005. Disponível em: <http://www.jaas.org/edocs/v19n1/Biggs-Medicine,%20surgery.pdf>. Acesso em: 25 jul. 2018.

BRAGA, R. de O. B. **A geografia da saúde na geografia escolar do ensino médio, no contexto dos colégios estaduais de Curitiba/PR**: uma análise crítica. 133 f. Dissertação (Mestrado em Geografia) – Universidade Federal do Paraná, Curitiba, 2015. Disponível em: <https://acervodigital.ufpr.br/bitstream/handle/1884/39889/R%20-%20D%20-%20RAMON%20DE%20OLIVEIRA%20BIECO%20BRAGA.pdf?sequence=1&isAllowed=y>. Acesso em: 25 jul. 2018.

BRASIL. Constituição (1988). **Diário Oficial da União**, Brasília, DF, 5 out. 1988. Disponível em: <http://www.planalto.gov.br/ccivil_03/Constituicao/ConstituicaoCompilado.htm>. Acesso em: 24 jul. 2018.

BRASIL. Lei n. 1.261, de 31 de outubro de 1904. **Diário Oficial da União**, Poder Legislativo, Brasília, DF, 2 nov. 1904.

Disponível em: <http://www2.camara.leg.br/legin/fed/lei/1900-1909/lei-1261-31-outubro-1904-584180-publicacaooriginal-106938-pl.html>. Acesso em: 24 jul. 2018.

BRASIL. Lei n. 8.080, de 19 de setembro de 1990. **Diário Oficial da União**, Poder Legislativo, Brasília, DF, 20 set. 1990a. Disponível em: <http://www.planalto.gov.br/ccivil_03/leis/L8080.htm>. Acesso em: 24 jul. 2018.

BRASIL. Lei n. 8.142, de 28 de dezembro de 1990. **Diário Oficial da União**, Poder Legislativo, Brasília, DF, 31 dez. 1990b. Disponível em: <http://www.planalto.gov.br/ccivil_03/leis/L8142.htm>. Acesso em: 24 jul. 2018.

BRASIL. Ministério da Educação. Secretaria de Educação Básica. **PNDL 2016**: guia digital. 2016. Disponível em: <http://www.fnde.gov.br/pnld-2016/>. Acesso em: 24 jul. 2018.

BRASIL. Ministério da Educação. Secretaria de Educação Fundamental. **Parâmetros Curriculares Nacionais**: geografia. Brasília: MEC/SEF, 1998. Disponível em: <http://portal.mec.gov.br/seb/arquivos/pdf/geografia.pdf>. Acesso em: 26 jul. 2018.

BRASIL. Ministério da Saúde. Secretaria de Gestão de Investimentos em Saúde. Projeto de Profissionalização dos Trabalhadores da Área de Enfermagem. **Profissionalização de auxiliares de enfermagem**: cadernos do aluno: saúde coletiva. 2. ed. Brasília: MEC; Rio de Janeiro: Fiocruz, 2002. (Série F. Comunicação e Educação em Saúde). Disponível em: <http://unesdoc.unesco.org/images/0013/001390/139088por.pdf>. Acesso em: 24 jul. 2018.

BRASIL. Ministério da Saúde. Secretaria-Executiva. Subsecretaria de Assuntos Administrativos. **SUS**: a saúde do Brasil. Brasília: MEC, 2011. (Série F. Comunicação e Educação em Saúde). Disponível em: <http://bvsms.saude.gov.br/bvs/publicacoes/sus_saude_brasil_3ed.pdf>. Acesso em: 24 jul. 2018.

BUSS, P. M.; PELLEGRINI FILHO, A. A saúde e seus determinantes sociais. **Physis: Revista de Saúde Coletiva**, Rio de Janeiro, v. 17, n. 1, p. 77-93, 2007. Disponível em: <http://www.scielo.br/pdf/physis/v17n1/v17n1a06.pdf>. Acesso em: 24 jul. 2018.

CIRINO, S. et al. Avaliação de acessibilidade geográfica em sistemas de saúde hierarquizados usando o modelo de p-medianas: aplicação em Santa Catarina, Brasil. **Cadernos de Saúde Pública**, Rio de Janeiro, v. 32, n. 4, p. 1-11, abr. 2016. Disponível em: <http://www.scielo.br/pdf/csp/v32n4/1678-4464-csp-32-04-e00172614.pdf>. Acesso em: 24 jul. 2018.

CONNELL, J.; WALTON-ROBERTS, M. What about the Workers? The Missing Geographies of Health Care. **Progress in Human Geography**, v. 40, n. 2, p. 158-176, Apr. 2016.

CUÉLLAR LUNA, L.; GUTIÉRREZ SOTO, T. Desarrollo de la geografía médica o de la salud en Cuba. **Revista Cubana de Higiene y Epidemiología**, v. 52, n. 3, p. 388-401, 2014. Disponível em: <http://scielo.sld.cu/pdf/hie/v52n3/hig11314.pdf>. Acesso em: 24 jul. 2018.

CURTIS, S.; JONES, I. R. Is there a Place for Geography in the Analysis of Health Inequality? **Sociology of Health & Illness**, v. 20, n. 5, p. 645-672, 1998. Disponível em: <https://onlinelibrary.wiley.com/doi/pdf/10.1111/1467-9566.00123>. Acesso em: 24 jul. 2018.

CUTCHIN, M. P. The Need for the "New Health Geography" in Epidemiologic Studies of Environment and Health. **Health Place**, v. 13, n. 3, p. 725-742, Sept. 2007. Disponível em: <https://www.ncbi.nlm.nih.gov/pmc/articles/PMC1880902/>. Acesso em: 24 jul. 2018.

CZERESNIA, D.; RIBEIRO, A. M. O conceito de espaço em epidemiologia: uma interpretação histórica e epistemológica. **Cadernos de Saúde Pública**, Rio de Janeiro, v. 16, n. 3, p. 595-617, jul./set. 2000. Disponível em: <http://www.scielo.br/pdf/csp/v16n3/2947.pdf>. Acesso em: 24 jul. 2018.

DANTAS, A.; ARANHA, P. R. Saúde na perspectiva da geografia nova. **Mercator: Revista de Geografia da UFC**, Fortaleza: Ed. da UFC, v. 8, n. 16, maio/ago. 2009. Disponível em: <http://www.mercator.ufc.br/mercator/article/view/325>. Acesso em: 24 jul. 2018.

DEVERTEUIL, G. Conceptualizing Violence for Health and Medical Geography. **Social Science & Medicine**, n. 133, p. 216-222, 2015.

DIAS-LIMA, A. Ecologia médica: uma visão holística no contexto das enfermidades humanas. **Revista Brasileira de Educação Médica**, v. 38, n. 2, p. 165-172, 2014. Disponível em: <http://www.scielo.br/pdf/rbem/v38n2/a02v38n2.pdf>. Acesso em: 24 jul. 2018.

DOENÇA. In: HOUAISS, A.; VILLAR, M. de S. **Dicionário eletrônico Houaiss da língua portuguesa**. versão 3.0. Rio de Janeiro:

Instituto Antônio Houaiss; Objetiva, 2009. 1 CD-ROM.

DUMMER, T. J. B. Health Geography: Supporting Public Health Policy and Planning. **Canadian Medical Association Journal**, v. 178, n. 9, p. 1177-1180, Apr. 2008. Disponível em: <https://www.ncbi.nlm.nih.gov/pmc/articles/PMC2292766/>. Acesso em: 24 jul. 2018.

DUNN, C. E. Showcasing Geographies of Health: an Introduction to Selected Research from the 14th International Medical Geography Symposium, Durham, UK, July 2011. **Social Science & Medicine**, v. 91, p. 102-104, 2013.

EUROCAM. **CAM 2020**: The Contribution of Complementary and Alternative Medicine to Sustainable Healthcare in Europe. 2014. Disponível em: <http://www.camdoc.eu/Pdf/CAM%202020%20final.pdf>. Acesso em: 24 jul. 2018.

FARIA, R. M. de; BORTOLOZZI, A. Espaço, território e saúde: contribuições de Milton Santos para o tema da geografia da saúde no Brasil. **Revista Ra'e Ga**, Curitiba, n. 17, p. 31-41, 2009. Disponível em: <https://revistas.ufpr.br/raega/article/view/11995/10663>. Acesso em: 24 jul. 2018.

FERREIRA, R. V.; RAFFO, J. da G. O uso dos sistemas de informação geográfica (SIG) no estudo da acessibilidade física aos serviços de saúde pela população rural: revisão da literatura. **Revista Hygeia**, v. 8, n. 15, p. 177-189, dez. 2012. Disponível em: <http://www.seer.ufu.br/index.php/hygeia/article/view/17743/11815>. Acesso em: 24 jul. 2018.

FLORIANI, N. et al. Medicina popular, catolicismo rústico, agrobiodiversidade: o amálgama cosmo-mítico-religioso das territorialidades tradicionais na região da Serra das Almas, Paraná, Brasil. **Geografia**, Rio Claro, v. 41, n. 2, p. 331-350, maio/ago. 2016.

FOGAÇA, T. K. **Dengue**: circulação viral e a epidemia de Paranavaí/PR 2013. 174 f. Dissertação (Mestrado em Geografia) – Universidade Federal do Paraná, Curitiba, 2015. Disponível em: <https://acervodigital.ufpr.br/bitstream/handle/1884/39330/R%20-%20D%20-%20THIAGO%20KICH%20FOGACA.pdf>. Acesso em: 24 jul. 2018.

FOLEY, R. The Roman Irish Bath: Medical/Health History as Therapeutic Assemblage. **Social Science & Medicine**, n. 106, p. 10-19, 2014.

FONTENELE, S. et al. Uma breve análise sobre a saúde na Chapada dos Veadeiros: o caso das comunidades tradicionais. In: SIMPÓSIO NACIONAL DE GEOGRAFIA DA SAÚDE, 7.; FÓRUM INTERNACIONAL DE GEOGRAFIA DA SAÚDE, 4., 2015, Brasília. **Anais...** Brasília: UnB, 2015. p. 325-335. Disponível em: <http://repositorio.unb.br/bitstream/10482/23681/1/TRABALHO_EVENTO_BreveAnaliseSaude.pdf>. Acesso em: 2 ago. 2018.

GALVÃO, E. L.; BODEVAN, E. C.; SANTOS, D. F. Análise da distribuição geográfica dos serviços de saúde no Vale do Jequitinhonha, Minas Gerais. **Revista Hygeia**, v. 11, n. 20, p. 32-44, jun. 2015. Disponível em: <http://www.seer.ufu.br/index.php/hygeia/article/view/26811/16842>. Acesso em: 2 ago. 2018.

GASPAR, E. D. (Org.). **Guia de religiões populares do Brasil**. Rio de Janeiro: Pallas, 2004.

GÖKSEL, B. K. The Use of Complementary and Alternative Medicine in Patients with Migraine. **Archives of Neuropsychiatry**, n. 50, p. 41-46, Aug. 2013. Disponível em: <https://www.ncbi.nlm.nih.gov/pmc/articles/PMC5353077>. Acesso em: 24 jun. 2018.

GONZÁLEZ CASTAÑEDA, M. E. Impacto de los avances en geotecnologías y las competencias en geografía de la salud. **Revista Cubana de Salud Pública**, La Habana, v. 39, n. 4, p. 768-778, 2013. Disponível em: <http://scielo.sld.cu/scielo.php?script=sci_arttext&pid=S0864-34662013000400013>. Acesso em: 24 jun. 2018.

GRADY, S. C.; WADHWA, V. Today and Tomorrow: Reflections on Health and Medical Geography. **Social Science and Medicine**, n. 133, p. 212-215, 2015.

GUAGLIARDO, M. F. Spatial Accessibility of Primary Care: Concepts, Methods and Challenges. **International Journal of Health Geographics**, v. 3, Feb. 2004. Disponível em: <https://www.ncbi.nlm.nih.gov/pmc/articles/PMC394340/pdf/1476-072X-3-3.pdf>. Acesso em: 24 jul. 2018.

GUIMARÃES, M. C. S. Uma geografia para a ciência faz diferença: um apelo da Saúde Pública. **Cadernos de Saúde Pública**, Rio de Janeiro, v. 26, n. 1, p. 50-58, jan. 2010. Disponível em: <http://www.scielo.br/pdf/csp/v26n1/06.pdf>. Acesso em: 2 ago. 2018.

GUIMARÃES, R. B. **Saúde**: fundamentos de geografia humana. São Paulo: Ed. da Unesp, 2015.

GUIMARÃES, R. B.; PICKENHAYN, J. A.; LIMA, S. do C. **Geografia e saúde sem fronteiras**. Uberlândia: Assis, 2014.

GUTIERREZ, P. R.; OBERDIEK, H. I. Concepções sobre a saúde e a doença. In: ANDRADE, S. M. de; SOARES, D. A.; CORDONI JUNIOR, L. **Bases da saúde coletiva**. Londrina: Ed. da UEL, 2001. p. 1-25.

HAY, S. I. et al. Global Mapping Of Infectious Disease. **Philosophical Transactions of the Royal Society B**, Feb. 2013. Disponível em: <http://rstb.royalsocietypublishing.org/content/royptb/368/1614/20120250.full.pdf>. Acesso em: 25 jul. 2018.

HEALTHMAP. **DengueMap**. Disponível em: <http://www.healthmap.org/dengue/pt/>. Acesso em: 25 jul. 2018.

JOHNSON, J. A.; JOHNSON III, J. A.; MORROW, C. B. Historical Developments in Public Health and the 21st Century. In: SHI, L.; JOHNSON, J. A. (Ed.). **Novick & Morrow's Public Health Administration**: Principles for Population-Based Management. Burlington: Jones & Bartlett Learning, 2014. p. 11-31.

KEMPER, K. J.; VOHRA, S.; WALLS, R. The Use of Complementary and Alternative Medicine in Pediatrics. **Pediatrics**, v. 122, n. 6, p. 1374-1386, Dec. 2008. Disponível em: <http://pediatrics.aappublications.org/content/122/6/1374>. Acesso em: 24 jul. 2018.

KING, B. Political Ecologies of Health. **Progress in Human Geography**, v. 34, n. 1, p. 38-55, Feb. 2010.

KOCH, T. Social Epidemiology as Medical Geography: Back to the Future. **GeoJournal**, n. 74, p. 99-106, 2009.

KRIEGER, N. Putting Health Inequities on the Map: Social Epidemiology meets Medical/Health Geography – an Ecosocial Perspective. **GeoJournal**, n. 74, n. 2, p. 87-97, Apr. 2009.

LABOCLIMA/UFPR – Laboratório de Climatologia da Universidade Federal do Paraná. **SACDENGUE – Sistema de alerta climático de dengue**. Curitiba: UFPR, 2017. Disponível em: <http://www.laboclima.ufpr.br/dengue.htm>. Acesso em: 25 jul. 2018.

LEMOS, J. C.; LIMA, S. C. A geografia médica e as doenças infecto-parasitárias. **Revista Caminhos de Geografia**, Uberlândia, v. 3, n. 6, p. 74-86, jun. 2002. Disponível em: <http://www.seer.ufu.br/index.php/caminhosdegeografia/article/viewFile/15296/8595>. Acesso em: 2 ago. 2018.

LIMA, N. T. O Brasil e a Organização Pan-Americana da Saúde: uma história em três dimensões. In: FINKELMAN, J. (Org.). **Caminhos da saúde pública no Brasil.** Rio de Janeiro: Fiocruz, 2002. p. 23-116.

LONDE, L. de R. et al. Impactos de desastres socioambientais em saúde pública: estudos dos casos dos Estados de Santa Catarina em 2008 e Pernambuco em 2010. **Revista Brasileira de Estudos de População**, Rio de Janeiro, v. 32, n. 3, p. 537-562, set./dez. 2015. Disponível em: <http://www.scielo.br/pdf/rbepop/v32n3/0102-3098-rbepop-32-03-0537.pdf>. Acesso em: 25 jul. 2018.

LUGINAAH, I. Health Geography in Canada: Where are we Headed? **The Canadian Geographer/Le Géographe Canadien**, v. 53, n. 1, p. 91-99, 2009.

MATTA, G. C. Princípios e diretrizes do Sistema Único de Saúde. In: MATTA, G. C.; PONTES, A. L. de M. (Org.). **Políticas de saúde:** organização e operacionalização do Sistema Único de Saúde. Rio de Janeiro: EPSJV/Fiocruz, 2007. p. 61-80.

MATTOS, R. A. de. Os sentidos da integralidade: algumas reflexões acerca de valores que merecem ser definidos. In: PINHEIRO R.; MATTOS, R. A. de (Org.). **Os sentidos da integralidade:** na atenção e no cuidado à saúde. 1. ed. Rio de Janeiro: Uerj, IMS: Abrasco, 2001. p. 39-64.

MAYER, J. D. Geography, Ecology and Emerging Infectious Diseases. **Social Science & Medicine**, v. 50, p. 937-952, Apr. 2000. Disponível em: <https://pdfs.semanticscholar.org/9c2f/c00faa3c8bb83889c9be6abbf847352e5ca1.pdf>. Acesso em: 2 ago. 2018.

MAZETTO, F. A. P. Pioneiros da geografia da saúde: séculos XVIII, XIX e XX. In: BARCELLOS, C. (Org.). **A geografia e o contexto dos problemas de saúde.** Rio de Janeiro: Abrasco/ICICT/EPSJV, 2008. p. 17-33. (Saúde em Movimento; v. 6).

MCELROY, A. Evolutionary and Ecological Perspectives. In: EMBER, C. R.; EMBER, M. (Ed.). **Encyclopedia of Medical Anthropology.** New York: Kluwer, 2004. p. 31-36.

MCLEOD, K. S. Our Sense of Snow: the Myth of John Snow in Medical Geography. **Social Science & Medicine**, n. 50, p. 923-935, Apr. 2000.

MELO, D. C. **Acessibilidade aos serviços de saúde e posição no espaço social de usuários da rede básica em uma capital do Nordeste do Brasil.** 75 f. Dissertação (Mestrado em Saúde Comunitária) – Universidade Federal da Bahia,

Salvador, 2016. Disponível em: <https://repositorio.ufba.br/ri/bitstream/ri/21667/1/DISSERTA%C3%87%C3%83O%20DAIANE%20CELESTINO%20MELO.%202016.pdf>. Acesso em: 2 ago. 2018.

MENDONÇA, F. Dengue: dinâmica espacial e condicionantes climáticos na Região Sul do Brasil. In: CONFALONIERI, U. E. C.; CASTELLANOS, M. J. M; Reyes, L. F. (Org.). **Efectos de los câmbios globales sobre La salud humana y La seguridad alimentaria.** RED CYTED 406RT0285. Programa Iberoamericano de Ciencia y Tecnologia para El Desarrollo, 2009. p. 32-51.

MENDONÇA, F.; ARAÚJO, W. M. de; FOGAÇA, T. K. A geografia da saúde no Brasil: estado da arte e alguns desafios. **Revista Investigaciones Geográficas**, v. 48, p. 41-52, 2014. Disponível em: <https://investigacionesgeograficas.uchile.cl/index.php/IG/article/download/36675/38269/>. Acesso em: 2 ago. 2018.

MENDONÇA, F.; PAULA, E. V. Meningites no Estado do Paraná: uma leitura geográfica. **Ra'e Ga**, Curitiba, n. 14, p. 127-143, 2008. Disponível em: <https://revistas.ufpr.br/raega/article/download/14250/9576>. Acesso em: 2 ago. 2018.

MENDONÇA, F.; PAULA, E. V.; OLIVEIRA, M. M. F. Aspectos socioambientais da expansão da dengue no Paraná. In: JACOBI, P.; FERREIRA, L. da C. (Org.). **Diálogos em ambiente e sociedade no Brasil**. São Paulo: Annablume, 2006. p. 329-342. (Coletânea Anppas).

MINAYO, M. C. de S. **Violência e saúde**. Rio de Janeiro: Fiocruz, 2006. (Temas em Saúde).

MORAIS, A. R. R. **Saúde e geografia**: ervas e curas na comunidade ribeirinha de Nazaré – RO. 142 f. Dissertação (Mestrado em Geografia) – Universidade Federal de Rondônia, Porto Velho, 2016. Disponível em: <http://www.ri.unir.br/jspui/bitstream/123456789/1652/1/DISSERTA%C3%87%C3%83O%20ALLAN%20ROBERT.pdf>. Acesso em: 25 jul. 2018.

MORAIS, R. H. S. G. de. A geografia médica e as expedições francesas para o Brasil: uma descrição da estação naval do Brasil e da Prata (1868-1870). **História, Ciências, Saúde**, Manguinhos, v. 14, n. 1, p. 39-62, jan./mar. 2007. Disponível em: <http://www.scielo.br/pdf/hcsm/v14n1/03.pdf>. Acesso em: 2 ago. 2018.

MYERS, S. S. et al. Human Health Impacts of Ecosystem Alteration. **Proceedings of the National Academy of Sciences of the**

United States of America, v. 110, n. 47, p. 18753-18760, Nov. 2013.

NATAL, D. Fundamentos de saúde pública. In: PHILLIPI JR., A.; ROMÉRO, M. de A.; BRUNA, G. C. **Curso de gestão ambiental**. Barueri: Manole, 2004. p. 332-402.

NERI, M.; SOARES, W. Desigualdade social e saúde no Brasil. **Cadernos de Saúde Pública**, Rio de Janeiro, n. 18, p. 77-87, 2002. Disponível em: <http://www.scielo.br/pdf/csp/v18s0/13795.pdf>. Acesso em: 25 jul. 2018.

OLIVEIRA, E. C. S. de; COSTA JÚNIOR, E. O. Saúde e doença: recursos utilizados em rituais de cura no Estado da Paraíba. **Biofar – Revista de Biologia e Farmácia**, v. 6, n. 1, p. 167-175, 2011. Disponível em: <http://sites.uepb.edu.br/biofar/download/v6n1-2011/sa%C3%BAde_e_doen%C3%A7a.pdf>. Acesso em: 25 jul. 2018.

OPAS/OMS – Organização Pan-Americana da Saúde/ Organização Mundial da Saúde. **OPAS/OMS no Brasil**. Disponível em: <https://www.paho.org/bra.../index.php?option=com_content&view=article&id=885:opas-oms-no-brasil&Itemid=672>. Acesso em: 24 jul. 2018.

OSMO, A.; SCHRAIBER, L. B. O campo da saúde coletiva no Brasil: definições e debates em sua constituição. **Saúde e Sociedade**, São Paulo, v. 24, supl. 1, p. 205-218, 2015. Disponível em: <http://www.scielo.br/pdf/sausoc/v24s1/0104-1290-sausoc-24-s1-00205.pdf>. Acesso em: 3 ago. 2018.

PAULA, E. V. de. Evolução espaço-temporal da dengue e variação termo-pluviométrica no Paraná: uma abordagem geográfica. **Ra'e Ga**, Curitiba, v. 10, p. 33-48, 2005. Disponível em: <https://revistas.ufpr.br/raega/article/viewFile/4985/3775>. Acesso em: 3 ago. 2018.

PEITER, P. C. **A geografia da saúde na faixa de fronteira continental do Brasil na passagem do milênio**. 334 f. Tese (Doutorado em Geografia) – Universidade Federal do Rio de Janeiro, Rio de Janeiro, 2005. Disponível em: <http://www.retis.igeo.ufrj.br/wp-content/uploads/2011/07/2006-geografia-da-saude-na-faixa-PCP.pdf>. Acesso em: 3 ago. 2018.

PEREHOUSKEI, N. A.; BENADUCE, G. M. C. Geografia da saúde e as concepções sobre o território. **Gestão & Regionalidade**, v. 23, n. 68, p. 34-44, set./dez. 2007. Disponível em: <http://seer.uscs.edu.br/index.php/revista_gestao/article/view/78/39>. Acesso em: 24 jul. 2018.

PESSOTO, U. C.; RIBEIRO, E. A. W.; GUIMARÃES, R. B. O papel do

Estado nas políticas públicas de saúde: um panorama sobre o debate do conceito de Estado e o caso brasileiro. **Revista Saúde e Sociedade**, São Paulo, v. 24, n. 1, p. 9-22, 2015. Disponível em: <http://www.scielo.br/pdf/sausoc/v24n1/0104-1290-sausoc-24-1-0009.pdf>. Acesso em: 3 ago. 2018.

PICKENHAYN, J. A. Geografía de la salud: el caminho de las aulas. In: BARCELLOS, C. (Org.). **A geografia e o contexto dos problemas de saúde**. Rio de Janeiro: Abrasco/ICICT/EPSJV, 2008. p. 63-84. (Saúde em Movimento; n. 6).

PITTON, S. E. C.; DOMINGOS, A. É. Tempo e doenças: efeitos dos parâmetros climáticos nas crises hipertensivas nos moradores de Santa Gertrudes-SP. **Estudos Geográficos**, v. 2, n. 1, Rio Claro, 75-86, jun. 2004.

POLIGNANO, M. V. **História das políticas de saúde no Brasil**: uma pequena revisão. 2001. Disponível em: <http://www.saude.mt.gov.br/ces/arquivo/2165/livros>. Acesso em: 24 jul. 2018.

ROJAS, L. Geografia Y salud: entre historias, realidades y utopías. **Caderno Prudentino de Geografia**, Presidente Prudente, n. 25, p. 9-28, 2003.

RONCOLETTA, A. F. T. **Ecologia médica**: uma reavaliação na realidade brasileira, 2010. 202 f. Tese (Doutorado em Ciências) – Universidade de São Paulo, São Paulo, 2010. Disponível em: <http://www.teses.usp.br/teses/disponiveis/5/5169/tde-25112010-105439/pt-br.php>. Acesso em: 3 ago. 2018.

ROSENBERG, M. W. Medical or Health Geography? Populations, Peoples and Places. **International Journal of Population Geography**, v. 4, n. 3, p. 211-226, Sept. 1998.

ROSENBERG, M. W.; WILSON, K. Remaking Medical Geography. **Territoris: Universitat de les Illes Balears**, n. 5, p. 17-32, 2005.

SAMPAIO, F. dos S. **Para viver juntos**: geografia – 6º ano. 4. ed. São Paulo: Edições SM, 2015.

SAMPAIO, F. dos S.; MEDEIROS, M. C. de. **Para viver juntos**: geografia – 7º ano. 4. ed. São Paulo: Edições SM, 2015a.

SAMPAIO, F. dos S. **Para viver juntos**: geografia – 8º ano. 4. ed. São Paulo: Edições SM, 2015b.

SAMPAIO, F. dos S. **Para viver juntos**: geografia – 9º ano. 4. ed. São Paulo: Edições SM, 2015c.

SANTANA, P. **Saúde, território e sociedade**: contributos para uma geografia da saúde. Coimbra: Faculdade de Letras da Universidade de Coimbra, 2004.

(Coleção Textos Pedagógicos e Didáticos).

SANTOS, D. L. dos. Curandeiros/curandeiras e doentes nas encruzilhadas da Cura. Santo Antônio de Jesus. Recôncavo Sul – Bahia (1940-1980). **Anais do III Encontro Estadual de História**: Poder, Cultura e Diversidade. Caetité: Uneb, 2007. Disponível em: <http://www.uesb.br/anpuhba/artigos/anpuh_III/denilson_lessa.pdf>. Acesso em: 3 ago. 2018.

SANTOS, F. de O. Geografia médica ou Geografia da saúde? Uma reflexão. **Caderno Prudentino de Geografia**, Presidente Prudente, v. 1, n. 32, p. 41-51, jan./jun. 2010.

SARRETA, F. de O. As políticas públicas de saúde. In: SARRETA, F. de O. **Educação permanente em saúde para os trabalhadores do SUS**. São Paulo: Ed. Unesp/Cultura Acadêmica, 2009. p. 131-168.

SAÚDE. In: HOUAISS, A.; VILLAR, M. de S. **Dicionário eletrônico Houaiss da língua portuguesa**. versão 3.0. Rio de Janeiro: Instituto Antônio Houaiss; Objetiva, 2009. 1 CD-ROM.

SCLIAR, M. História do conceito de saúde. **Revista Saúde Coletiva**, Rio de Janeiro, v. 17, n. 1, p. 29-41, 2007. Disponível em: <http://www.scielo.br/pdf/physis/v17n1/v17n1a03>. Acesso em: 24 jul. 2018.

SEVALHO, G. Uma abordagem histórica das representações sociais de saúde e doença. **Caderno de Saúde Pública**, Rio de Janeiro, v. 9, n. 3, p. 349-363, jul./set. 1993. Disponível em: <http://www.scielo.br/pdf/%0D/csp/v9n3/22.pdf>. Acesso em: 3 ago. 2018.

SILVA, A. B. da; PINHO, L. B. de. Território e saúde mental: contribuições conceituais da geografia para o campo psicossocial. **Revista de Enfermagem**: UERJ, Rio de Janeiro, v. 23, n. 3, p. 420-424, maio/jun. 2015. Disponível em: <http://www.e-publicacoes.uerj.br/index.php/enfermagemuerj/article/view/10091/13788>. Acesso em: 3 ago. 2018.

SILVEIRA, H. M. da; JAYME, N. S. Cartografia de síntese e geografia da saúde: aproximações teóricas. **Boletim de Geografia**, Maringá, v. 32, n. 3, p. 122-137, set./dez. 2014. Disponível em: <http://www.periodicos.uem.br/ojs/index.php/BolGeogr/article/viewFile/21071/pdf_35>. Acesso em: 24 jul. 2018.

SMYTH, F. Medical geography: understanding health Inequalities. **Progress in Human Geography**, v. 32, n. 1, p. 119-127, 2008.

SORRE, M. A adaptação ao meio climático e biossocial: geografia psicológica. In: MEGALE, J. F. (Org.). **Max Sorre**: geografia.

São Paulo: Ática, 1984. p. 30-86. (Coleção Grandes Cientistas Sociais, n. 46).

STRADFORD, D. Promoting Wellness in Mental Health: the CAM Approach in Psychiatry. In: STRADFORD, D. et al. (Org.). **The Flying Publisher Guide to Complementary and Alternative Medicine Treatments in Psychiatry.** Flying Publisher & Kamps, 2012. p. 13-21.

STRAUB, R. O. Introdução à psicologia da saúde. In: STRAUB, R. **Psicologia da saúde.** Porto Alegre: Artmed, 2005. p. 21-51.

TESTON, L. M. **Avaliação em saúde no SUS do Estado do Acre no contexto do capitalismo contemporâneo:** limites e desafios para sua perspectiva emancipatória. 288 f. Tese (Doutorado em Ciências) – Universidade de São Paulo, São Paulo, 2016. Disponível em: <http://www.teses.usp.br/teses/disponiveis/6/6135/tde-05122016-132438/pt-br.php>. Acesso em: 3 ago. 2018.

TORREZANI, N. C. **Vontade de saber geografia:** 6º ano. 2. ed. São Paulo: FTD, 2015a.

TORREZANI, N. C. **Vontade de saber geografia:** 7º ano. 2. ed. São Paulo: FTD, 2015b.

TORREZANI, N. C. **Vontade de saber geografia:** 8º ano. 2. ed. São Paulo: FTD, 2015c.

TORREZANI, N. C. **Vontade de saber geografia:** 9º ano. 2. ed. São Paulo: FTD, 2015d.

VALENTIM, L. S. O. **Sobre a produção de bens e males nas cidades:** estrutura urbana e cenários de risco à saúde em áreas contaminadas da Região Metropolitana de São Paulo. Tese (Doutorado em Arquitetura e Urbanismo) – Universidade de São Paulo, São Paulo, 2010. Disponível em: <http://www.teses.usp.br/teses/disponiveis/16/16139/tde-18062010-092455/en.php>. Acesso em: 3 ago. 2018.

VAZ, D. dos S.; REMOALDO, P. C. A. A geografia da saúde brasileira e portuguesa: algumas considerações conceptuais. **Geousp – Espaço e Tempo**, São Paulo, n. 30, p. 173-192, 2011. Disponível em: <http://www.revistas.usp.br/geousp/article/view/74242/77885>. Acesso em: 24 jul. 2018.

VIEGAS, L. L. **A reforma da Organização Mundial da Saúde:** processo, tendências atuais e desafios (1998-2014). 124 f. Dissertação (Mestrado em Saúde Pública) – Fundação Oswaldo Cruz, Rio de Janeiro, 2014. Disponível em: <https://bvssp.icict.fiocruz.br/lildbi/docsonline/get.php?id=4213>. Acesso em: 3 ago. 2018.

WALDMAN, E. A. Doenças infecciosas emergentes e reemergentes. **Revista USP**, São Paulo, n. 51, p. 128-137, set./nov. 2001. Disponível em: <http://www.revistas.usp.br/revusp/article/view/35106/37845>. Acesso em: 3 ago. 2018.

ZHANG, A. L. **Complementary and Alternative Medicine Use in Australia**: a National Population-Based Study. Thesis (Doctor of Philosophy) – RMIT University, 2006. Disponível em: <https://researchbank.rmit.edu.au/eserv/rmit:10000/Zhang.pdf>. Acesso em: 24 jul. 2018.

Bibliografia comentada

COHN, A.; ELIAS, P. E. M. **Saúde no Brasil**: políticas e organização de serviços.

3. ed. rev. e ampl. São Paulo: Cortez/Cedec, 1999.

A obra é dividida em duas temáticas específicas. O primeiro capítulo se refere à saúde, previdência social e seguridade social, no qual Cohn apresenta o contexto histórico da previdência social brasileira, com ênfase na organização dos serviços de saúde nacionais. Por sua vez, Elias traz a discussão sobre estrutura e organização de atenção à saúde no Brasil, abordando parte da legislação e do funcionamento dos serviços de saúde. É importante conhecer mais sobre as políticas públicas de saúde no Brasil, e a obra de Cohn e Elias proporciona isso. Confira!

TRINDADE, D. do C. **As benzedeiras de Parintins**: práticas, rezas e simpatias.

Manaus: Edua, 2013.

Nessa obra, o autor traz aspectos das práticas de cura indígenas e das curas populares praticadas atualmente em Parintins, apresentando um repertório de informações sobre cultura, história e tratamento de doenças. O livro foi dividido em três capítulos que contemplam a problemática histórica no desenvolvimento de Parintins, as práticas executadas pelas benzedeiras para curar os doentes locais e a caracterização dos ambientes utilizados para a cura. Vale a pena conferir essa discussão!

Respostas[i]

Capítulo I

Atividades de autoavaliação

1. d

2. e

3. c

4. c

5. b

Atividades de aprendizagem

Questões para reflexão

1. De acordo com os autores citados no texto, principalmente no século XX, o conceito de espaço ganhou força e foi utilizado para explicar e contextualizar questões relacionadas à saúde, tanto pela geografia quanto pela medicina, tendo em vista que doenças migram e variam conforme as relações sociais que ocorrem em cada espaço. O conceito de lugar, por sua vez, corresponde à essência dos estudos da geografia da saúde, com críticas à geografia médica, uma vez que prioriza os aspectos sociais e a análise aprofundada das localidades, representando, assim, o conceito de território e sua relação com as políticas públicas e a gestão dos territórios. E o conceito de rede

---

i. Todos os autores citados constam na Seção Referências.

é a conexão com os locais, ligando o material e o social, pois, em virtude da circulação de diferentes culturas e sociedades, há a disseminação de doenças para vários outros ambientes, muitas vezes, de uma escala menor para uma maior.

2. As principais diferenças entre geografia da saúde e geografia médica são encontradas em três dimensões (Cutchin, 2007). A primeira refere-se à interpretação dos fatos considerando o conceito de lugar, o que se liga com o conceito de paisagem, que, para King (2010), é um ambiente formado e transformado por meios naturais e sociais. A segunda dimensão diz respeito à relação entre os conceitos geográficos e o uso destes para explicar as vertentes da geografia da saúde (Cutchin, 2007). A terceira dimensão volta-se aos estudos sobre as disparidades de saúde, tendo por base a análise das questões socioambientais, que criam ou moldam ambientes de vulnerabilidade à saúde (Cutchin, 2007).

Atividade aplicada: prática

1. Um exemplo é a esquistossomose, doença que se prolifera em ambientes contaminados.

Capítulo 2

Atividades de autoavaliação

1. e

2. b

3. b

4. e

5. c

Atividades de aprendizagem

Questões para reflexão

1. Dogmas religiosos passaram a prevalecer sobre a ciência, pois embates políticos no Império Romano levaram à descentralização dos poderes. Assim, a Igreja cristã passou a expandir seu poder e a assumir a autoridade sobre a Europa naquele período, influenciando e condicionando novas abordagens com relação à saúde. O pecado apresentou ligação com as doenças da população, pois o castigo divino e a possessão demoníaca passaram a ser utilizados como diagnóstico de doenças, além de o exorcismo ter sido incluído como tratamento de doenças. Com bases nesses fatos, os médicos foram substituídos por religiosos e as "recomendações dietéticas, exercícios, chás, repousos e outras medidas terapêuticas da medicina clássica" cederam lugar a "rezas, penitências, invocações de santos, exorcismos, unções e outros procedimentos para purificação da alma, uma vez que o corpo físico, apesar de albergá-la, não tinha a mesma importância" (Batistella, 2007, p. 34).

2. De acordo com Rosenberg (1998), na década de 1980, o HIV e a Aids apresentaram-se com maior risco, em razão dos registros de contágio das populações, passando a ser retratados nas pesquisas de geógrafos médicos. Como apontado por Rosenberg (1998), a primeira geração catalogou os registros de ocorrência da doença por localidade. A segunda geração buscou gerar modelos sobre a difusão da doença, porém, sem atentar para as fontes de infecções ou evidenciar as causas das epidemias em curso. A terceira geração, além do mapeamento dos registros da doença, tem procurado vincular dados socioeconômicos no trato da espacialidade dos fatos, atentando aos grupos de riscos.

Atividade aplicada: prática

1. Há várias doenças que podem ser pesquisadas, mas o exemplo clássico é a lepra.

Capítulo 3

Atividades de autoavaliação

1. b

2. b

3. d

4. a

5. b

Atividades de aprendizagem

Questões para reflexão

1. Os assuntos que envolvem a saúde e dizem respeito à geografia são: a violência – aspectos sociais, conflitos com a autoridade, lutas pelo poder e posse, tendo suas manifestações aprovados ou desaprovadas, lícitas ou ilícitas, conforme as leis e os costumes das sociedades vigentes; a migração – relacionada à rapidez e à mobilidade populacional, bem como à globalização da saúde, e, em razão da dinâmica de proliferação, nos últimos anos, uma série de doenças apresenta relação com a migração, como HIV, ebola, dengue, zika vírus; as paisagens terapêuticas – são os lugares que podem proporcionar as curas física, mental e espiritual e estão relacionados ao bem-estar das populações.

2. A saúde coletiva, de acordo com Augusto (2003), é a ciência que busca identificar o aspecto individual (doença em si) e o aspecto coletivo (processo de saúde-doença), trazendo um novo enfoque para entender os processos de permanente transformação da saúde-doença na sociedade atual.

Atividade aplicada: prática

1. A pesquisa deve abranger materiais que apontam os efeitos que o clima pode trazer na saúde do homem, tanto benéficos quanto maléficos, com exemplos de como o clima tropical influencia em determinadas doenças.

Capítulo 4

Atividades de autoavaliação

1. c

2. b

3. b

4. a

5. c

Atividades de aprendizagem

Questões para reflexão

1. Em ordem cronológica, podemos ressaltar, em 1808, a Escola Médico-Cirúrgica, primeira faculdade de Medicina – que tinha por objetivo a inserção da medicina nos moldes europeu no país – e a constituição de hospitais públicos. Em 1902,

Rodrigo Alves criou o programa de obras públicas com enfoque para o saneamento básico e a saúde das populações. Em 1904, Oswaldo Cruz propôs um código sanitário para combater ambientes insalubres e instituiu a notificação de doenças, tornando a vacinação obrigatória. Em 1953, foi fundado o Ministério da Saúde e, em 1990, o Sistema Único de Saúde (SUS) foi regulamentado.

2. Em 1970, foi criada a Superintendência de Campanhas da Saúde Pública (Sucam) para o combate a doenças endêmicas; instituído o Sistema Nacional de Saúde (1975), que estabelecia os critérios para os serviços de saúde nas esferas pública e privada (Polignano, 2001); implementado o Sistema Nacional de Vigilância Epidemiológica (SNVE) por meio da edição da Lei n. 6.259/1975 e do Decreto n. 78.231/1976, que estabeleceram diretrizes de ações para fiscalização sanitária de medicamentos, alimentos, portos e aeroportos (Augusto, 2003).

Atividade aplicada: prática

1. Cada região, ou local, por apresentar diferentes características ambientais, sociais e culturais, necessita de políticas específicas, voltadas para aquelas realidades.

Capítulo 5

Atividades de autoavaliação

1. e

2. d

3. b

4. c

5. a

Atividades de aprendizagem

Questões para reflexão

1. Para medir essas distâncias, os pesquisadores indicam que foram utilizadas duas abordagens tradicionais: a primeira é a da acessibilidade real, que consiste na análise efetiva do número quantitativo de usuários utilizando os serviços de saúde. Essas pesquisas podem incluir a classificação por tipo de doença e por setor de saúde envolvido no tratamento, sendo, em sua maioria, em escalas espacial e temporal bem definidas. A segunda é a acessibilidade física potencial, que difere da primeira por se configurar em pesquisas gerais, que não necessitam dos valores de consultas, mas sim medir a capacidade de atendimento dos serviços; ou seja, sob essa perspectiva, define a quantidade de médicos necessários, por exemplo, segue critérios estatísticos, levando em consideração o tamanho da população próxima ao provedor do serviço (Joseph; Bantock, 1982, citado por Ferreira; Raffo, 2012).

2. O conceito de CAM não é fechado, muitos autores apresentam diferentes definições, mas que são correspondentes. Segundo o Centro Nacional de Medicina Complementar e Alternativa (NCCAM) dos Institutos Nacionais de Saúde (NIH) dos Estados Unidos, a CAM constitui-se em um grupo de diversos sistemas, práticas e produtos médicos e de cuidados de saúde que não são considerados atualmente parte da medicina ocidental convencional (Kemper; Vohra; Walls, 2008). Os medicamentos complementares já passaram a ser utilizados em conjunto com a própria medicina convencional – por exemplo, há os tratamentos que incluem massagem e acupuntura como mecanismo para diminuição da dor e utilizados em conjunto com os analgésicos tradicionais (Kemper; Vohra; Walls, 2008).

Já os tratamentos alternativos são aqueles que excluem a medicina tradicional (Zhang, 2006).

Atividade aplicada: prática

1. Resposta pessoal que contemple um olhar atento para a cidade, com vistas a identificar problemas estruturais.

Capítulo 6

Atividades de autoavaliação

1. d

2. b

3. b

4. c

5. e

Atividades de aprendizagem

Questões para reflexão

1. John Snow é referência em geografia e saúde, sendo apresentado em vários veículos de informação (livros e artigos). Snow identificou que, em todas as localidades que pararam de utilizar a bomba d'água próxima à Rua Broad Street, em Londres, apresentaram diminuição nas mortes por cólera, ao passo que as populações mais próximas a ela foram as que mais sofreram com a doença. Ressaltamos que a Broad Street é uma rua de grande importância na cidade e concentra certo nível de densidade populacional, o que indica a relevância do estudo de Snow.

2. O primeiro apontamento refere-se à distribuição espacial das populações, pois é definida por aspectos históricos e socioeconômicos. Dessa forma, ao avaliar cenários de riscos para determinadas doenças, é necessário analisar a distribuição das populações afetadas. Barcellos (2003) afirma que é usual o cálculo de indicadores epidemiológicos, com base na avaliação de risco por meio da agregação das unidades espaciais, demográficas e de saúde. King (1979, citado por Barcellos, 2003) alega que essa técnica pode gerar conflitos, em razão da fragilidade dos indicadores em pequenas áreas e pela desconsideração de suas interações com as unidades espaciais. O segundo apontamento diz respeito aos macrodeterminantes das doenças (ambientais, sociais ou econômicos) que compõem a paisagem, ou seja, fora do corpo humano. Logo, é necessário aliar os dados de saúde e população com as características geográficas desses locais, para, assim, compreender a dinâmica da doença (Barcellos, 2003). O terceiro refere-se à lógica territorial do SUS, pois os dados são obtidos por níveis hierárquicos e com objetivos administrativos, ou seja, os dados de saúde seguem uma dinâmica de regionalização que atende os diversos níveis da Administração Pública e não são uniformes (Barcellos, 2003).

Atividade aplicada: prática

1. Resposta pessoal que contemple a identificação de algum tipo de fragilidade nas questões de saúde de sua cidade ou região.

Capítulo 7

Atividades de autoavaliação

1. d

2. c

3. b

4. b

5. a

Atividades de aprendizagem

Questões para reflexão

1. A Geografia da Saúde não é consolidada como disciplina obrigatória nos cursos de nível superior do país e, em sua maioria, aparece em caráter optativo. Além disso, a saúde apresenta-se como um tema transversal, que deverá ser retratado em todas as disciplinas, de maneira integradora e consoante as urgências locais. Esses parâmetros dividem-se em: saúde, ética, pluralidade cultural, meio ambiente, orientação sexual, trabalho e consumo (Brasil, 1998).

2. Os fatos ilustram e denotam um grave problema estrutural nos materiais utilizados no ensino em Curitiba, mas, por serem materiais preconizados pelo MEC e divulgados em escala nacional, deflagram um problema para todo o país, fortalecendo ainda mais a necessidade de pesquisa e atuação dos geógrafos médicos no ensino, tendo em vista que nenhuma sociedade existe e se desenvolve sem a preocupação com aspectos da saúde das populações.

Atividade aplicada: prática

1. Resposta pessoal. Os alunos poderão encontrar diferentes contextos nos materiais didáticos de sua cidade ou região, podendo ou não seguir os resultados apresentados na pesquisa dos ensinos fundamental e médio em Curitiba.

Sobre o autor

Thiago Kich Fogaça é professor, autor e editor de conteúdos da área de humanidades, com ênfase em Geografia. É doutor em Geografia pela Universidade Federal do Paraná (UFPR) e licenciado em Geografia pela Universidade Estadual do Oeste do Paraná (Unioeste). Atualmente, é pesquisador no Laboratório de Climatologia do Departamento de Geografia da UFPR. Tem experiência em pesquisa científica desde o início de sua carreira, na qual se dedicou à iniciação científica em estudos da geografia física, como Hidrogeografia e Climatologia. Foi assistente de laboratório de fotointerpretação do Departamento de Geografia da Unioeste – *campus* de Marechal Cândido Rondon (PR) – e monitor da disciplina de Cartografia Geral durante três anos consecutivos nessa mesma instituição. Atua principalmente nas seguintes áreas: geografia da saúde, clima e saúde, climatologia, ensino de geografia, políticas públicas, meio ambiente e metodologia de pesquisa.

Anexos

Mapa A – Mapa mundial sobre os casos de dengue

Fonte: HealthMap, 2018.

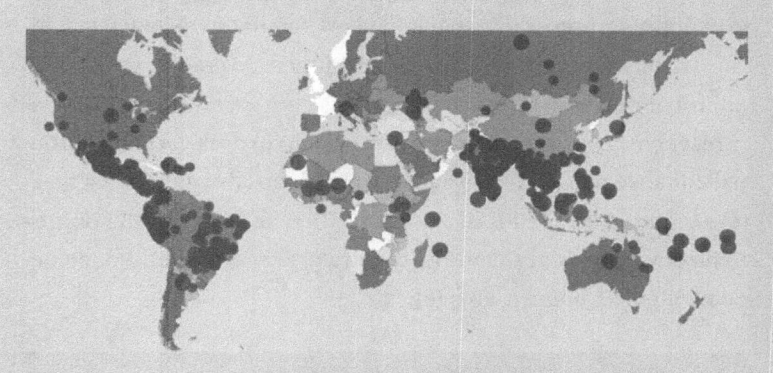

Mapa B – Mapa da dengue – Zoom para o Brasil e legenda

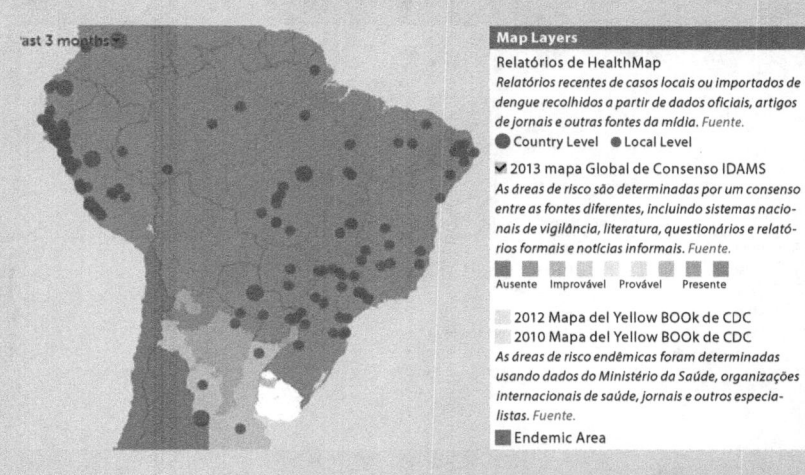

Map Layers

Relatórios de HealthMap
Relatórios recentes de casos locais ou importados de dengue recolhidos a partir de dados oficiais, artigos de jornais e outras fontes da mídia. Fuente.
● Country Level ● Local Level

☑ 2013 mapa Global de Consenso IDAMS
As áreas de risco são determinadas por um consenso entre as fontes diferentes, incluindo sistemas nacionais de vigilância, literatura, questionários e relatórios formais e notícias informais. Fuente.

Ausente Improvável Provável Presente

2012 Mapa del Yellow BOOk de CDC
2010 Mapa del Yellow BOOk de CDC
As áreas de risco endêmicas foram determinadas usando dados do Ministério da Saúde, organizações internacionais de saúde, jornais e outros especialistas. Fuente.
■ Endemic Area

Fonte: HealthMap, 2018.

Mapa C – Mapeamento global de doenças infecciosas

Os mapas representam uma visão geral esquemática de um processo de mapeamento de nicho/ocorrência (por exemplo, árvores de regressão reforçada (BRT)) que usa dados de pseudoausência guiados por parecer de especialistas. As camadas de extensão definitiva baseadas no consenso de ocorrência de doença infecciosa em nível nacional (a) são combinadas com locais de ocorrência (presença) geoposicionados com precisão (b) para gerar dados de pseudoausência (c). A presença (b) e os dados de pseudoausência (c) são então utilizados nas análises BRT, ao lado de um conjunto de covariáveis ambientais (d) para prever a probabilidade de ocorrência da doença-alvo (e).

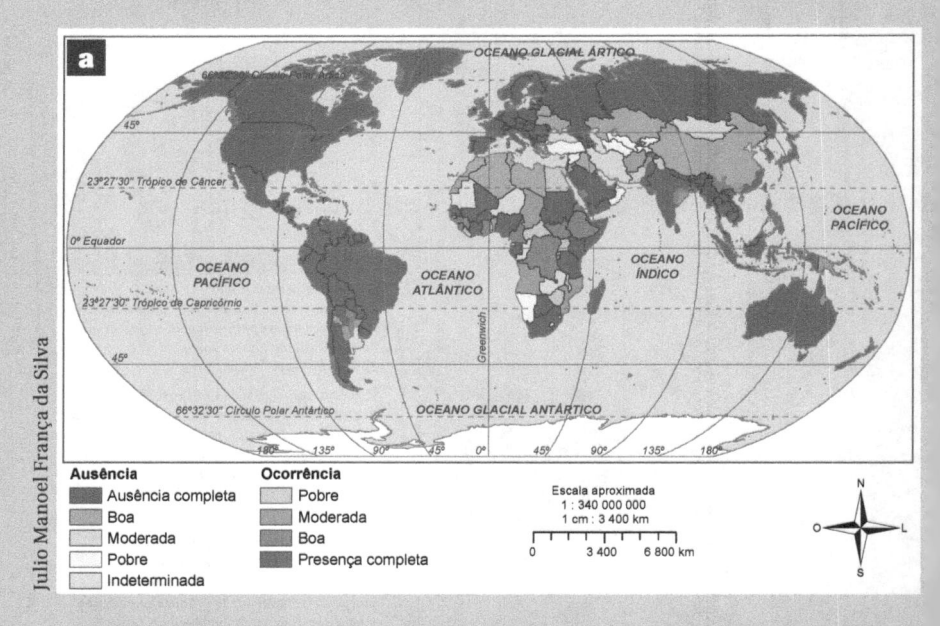

b

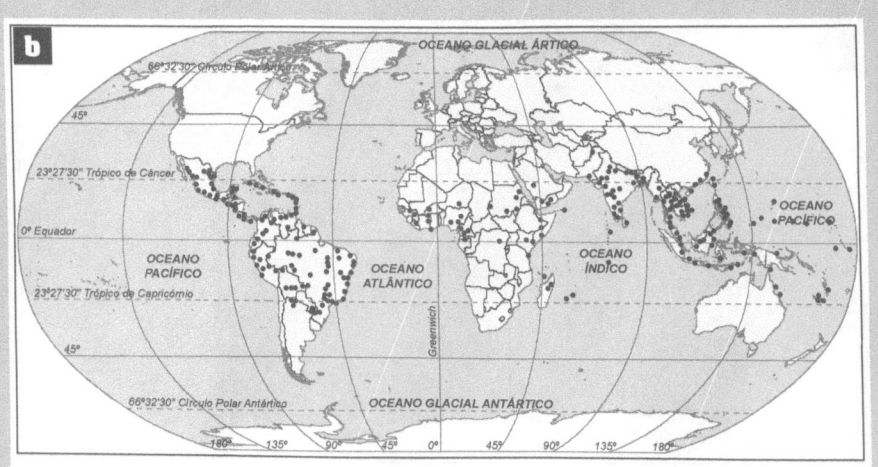

• Incidência de doença infecciosa

Escala aproximada
1 : 340 000 000
1 cm : 3 400 km

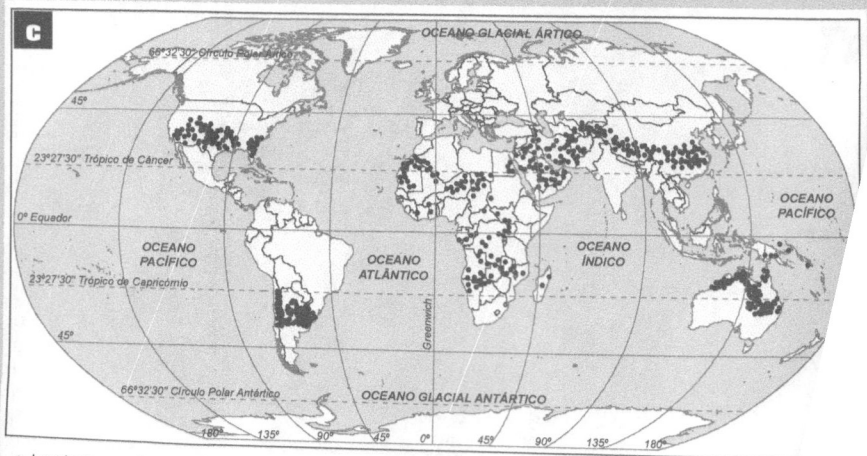

0 — 3 400 — 6 800 km

Julio Manoel França da Silva

c

• Locais de pseudoausência de doença infecciosa

Escala aproximada
1 : 340 000 000
1 cm : 3 400 km

0 — 3 400 — 6 800 km

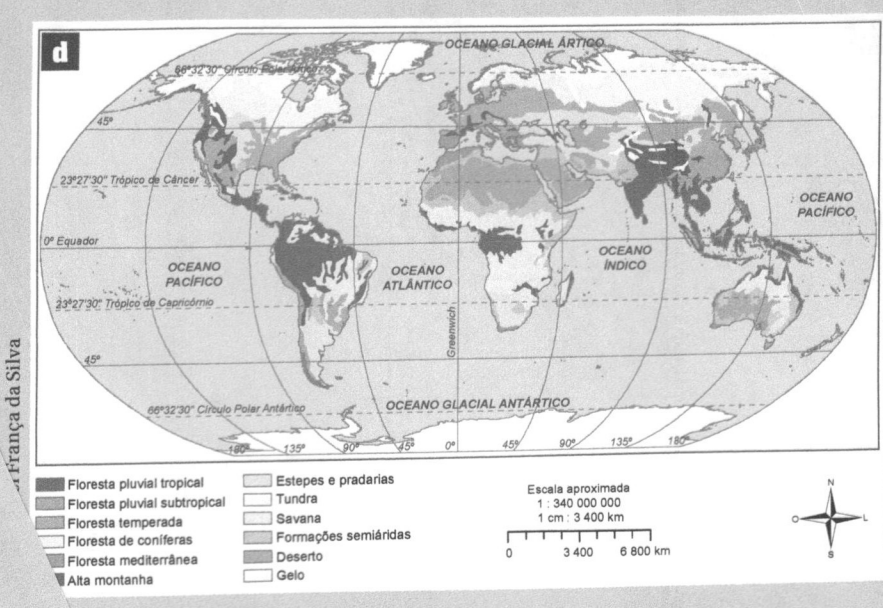

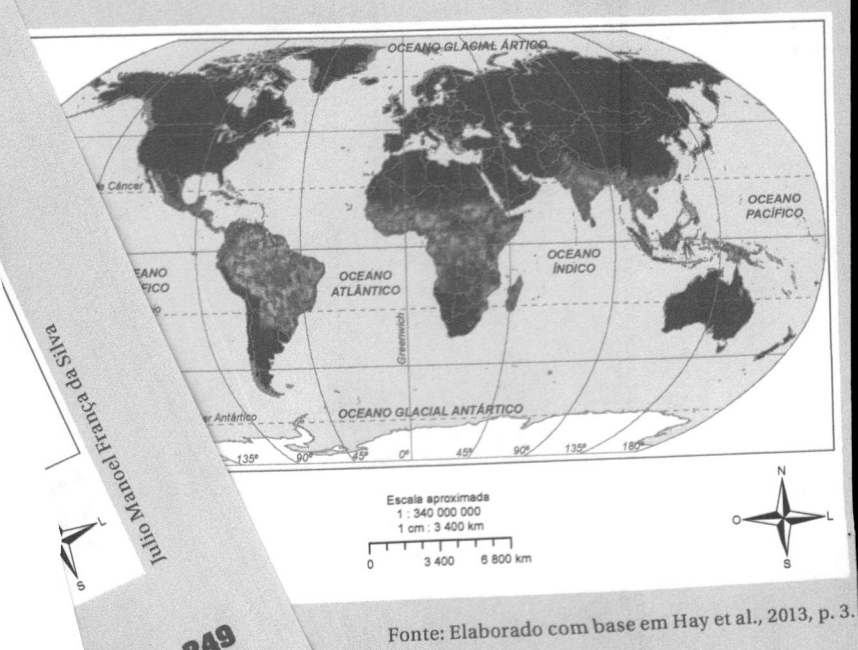

Floresta pluvial tropical
Floresta pluvial subtropical
Floresta temperada
Floresta de coníferas
Floresta mediterrânea
Alta montanha
Estepes e pradarias
Tundra
Savana
Formações semiáridas
Deserto
Gelo

Escala aproximada
1 : 340 000 000
1 cm : 3 400 km

0   3 400   6 800 km

Escala aproximada
1 : 340 000 000
1 cm : 3 400 km

0   3 400   6 800 km

Fonte: Elaborado com base em Hay et al., 2013, p. 3.

Mapa D – Estado do Paraná – Risco climático da dengue por município (23/07/2017 a 29/07/2017)

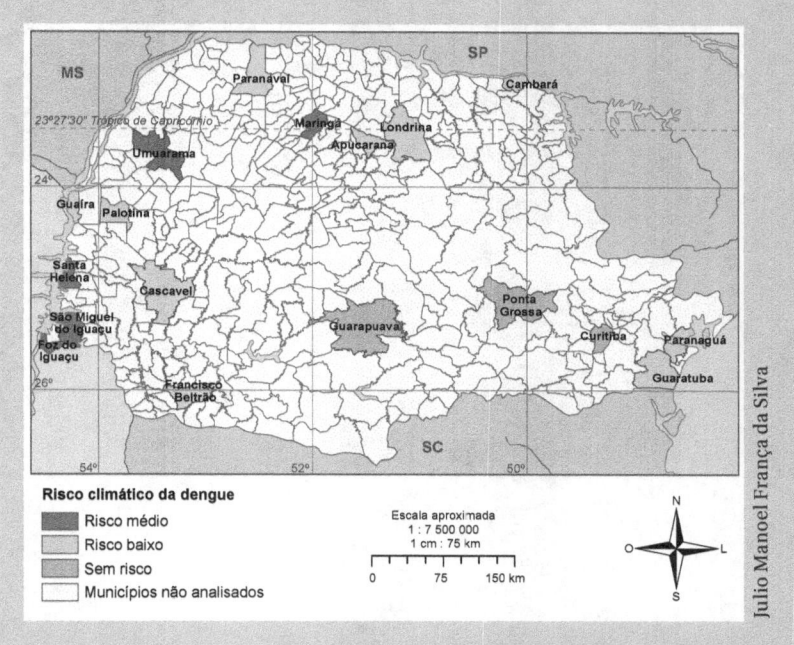

Fonte: Laboclima/UFPR, 2017.

Impressão:
Setembro/2023